# Inhalt

**Teil 2**

## Die Erde

| | | |
|---|---|---|
| ① | Das Gradnetz der Erde | 73 |
| ② | Was bin ich? | 74 |
| ③ | Wo liegen diese Sehenswürdigkeiten? | 74 |
| ④ | Kannst du mir sagen, wie spät es gerade bei dir ist? | 75 |
| ⑤ | Die Datumsgrenze im Pazifik | 76 |
| ⑥ | Sommerzeit – Winterzeit | 76 |
| ⑦ | Die Bevölkerung der Erde | 77 |
| ⑧ | Wenn die Welt ein Dorf wäre … | 78 |
| ⑨ | Gunsträume und Ungunsträume der Erde | 79 |
| ⑩ | Voraussetzungen für ein dicht besiedeltes Gebiet | 79 |
| ⑪ | Der Teufelskreis der Armut | 80 |
| ⑫ | Arm und Reich | 81 |
| ⑬ | „Wir spielen Welt" – ein Planspiel | 82 |

## Leben in Ballungsräumen

| | | |
|---|---|---|
| ① | Unser Lebensraum | 83 |
| ② | Wo möchtest du lieber wohnen? | 84 |
| | **STECKBRIEF** | **85** |
| ③ | Stadt – Land | 86 |

## Die europäische Stadt

| | | |
|---|---|---|
| ① | Hauptstädte Europas | 87 |
| ② | Wien, die Stadt der Musik | 88 |
| ③ | Ein Besuch im Schloss Schönbrunn | 89 |
| ④ | Trinkwasser für fast zwei Millionen Wienerinnen und Wiener | 90 |
| ⑤ | „Wie finde ich den Weg zum Stephansplatz?" | 92 |
| | **ORIENTIERUNG mit dem STADTPLAN** | **91** |
| ⑥ | Aufbau einer europäischen Stadt | 93 |
| ⑦ | Städte in Österreich | 94 |
| ⑧ | Stadt – Land – Fluss | 95 |
| ⑨ | Im Zentrum Europas | 95 |
| ⑩ | Eine Stadtführung durch Paris | 96 |
| ⑪ | Paris, die Stadt der Kunst und Museen | 97 |
| ⑫ | Servus Wien! – Bonjour Paris! | 98 |

## Die nordamerikanische Stadt

| | | |
|---|---|---|
| ① | Die größten Städte Nordamerikas | 99 |
| ② | Was ist BOSWASH? | 100 |
| ③ | Geschichtliche Ereignisse von New York | 100 |
| ④ | Aufbau der Stadt New York City | 101 |
| ⑤ | Boroughs – die Stadtviertel von NYC | 101 |
| ⑥ | Suchaufgaben zum Stadtplan | 102 |
| | **ORIENTIERUNG mit GOOGLE MAPS** | **103** |
| ⑦ | Unterwegs in New York City | 104 |
| ⑧ | Bilder von New York City | 105 |
| ⑨ | Was versteht man unter …? | 106 |
| ⑩ | Das war die nordamerikanische Stadt | 106 |

## Die orientalische Stadt

| | | |
|---|---|---|
| ① | Die Staaten des Orients | 107 |
| ② | Die orientalische Stadt | 108 |
| ③ | Begriffe im Orient | 108 |
| ④ | Istanbul entwickelt sich zur modernen Millionenstadt | 109 |
| ⑤ | Fachbegriffe der orientalischen Stadt | 110 |
| ⑥ | Verschiedene Merkmale von Weltstädten | 110 |

## Megastädte

| | | |
|---|---|---|
| ① | Die größten Städte der Erde | 111 |
| ② | So entwickelten/entwickeln sich Städte | 112 |

**Teil 1**

▸ Das Gradnetz der Erde
▸ Die Lage eines Punktes auf der Erde

▸ Die Zeitzonen der Erde

▸ Sieben Milliarden Menschen – und mehr!

▸ Armut und Reichtum auf der Erde

▸ Unser Lebensraum

▸ Der städtische Lebensraum
   Die Funktionen einer Stadt

▸ „Servus Wien!"

▸ Typisch europäisch – Merkmale der Stadt

▸ „Bonjour Paris!"

▸ „Hello New York!"

▸ Downtown – Suburbs – Ghettos

▸ Unterwegs in New York
▸ Leben und Arbeiten in New York

▸ Eine Stadt im Orient

  „Merhaba Istanbul!"
  Auf dem Basar
▸ Istanbul – eine geteilte Stadt

▸ Die größten Städte der Erde

# Inhalt

## Teil 2 | Teil 1

| Teil 2 | | Teil 1 |
|---|---|---|
| ③ Push- und Pull-Faktoren | 113 | ▶ Push- und Pull-Faktoren |
| ④ Probleme von Megastädten | 113 | |
| ⑤ Unterwegs in Buenos Aires | 114 | ▶ „Hola Buenos Aires!" |
| ⑥ Und wie lebst du? | 114 | ▶ Kinderarbeit |

### So werden Güter erzeugt

| | | |
|---|---|---|
| ① Güterarten | 115 | ▶ Gütererzeugung |
| ② Produktionsfaktoren | 116 | |
| ③ Allerlei Gewerbe | 117 | ▶ Erzeugung nach Maß in einem |
| ④ Schritt für Schritt zum Tisch | 117 | Gewerbebetrieb |
| ⑤ Der richtige Standort ist entscheidend | 118 | |
| ⑥ Arbeiten mit der Wirtschaftskarte Österreichs | 118 | ▶ Massenerzeugung in einem Industriebetrieb |
| ⑦ Das ist ein Gewerbebetrieb/Das ist ein Industriebetrieb | 119 | |
| ⑧ Geschäftsplanung bei KTM | 119 | |
| ⑨ Rätsel – So werden Güter erzeugt | 120 | ▶ Zu Besuch bei KTM |
| ⑩ Einzelfertigung/Serienfertigung – ein Vergleich | 121 | |
| ⑪ Mülltrennung und Recycling | 122 | |
| ⑫ Wohin mit dem Müll? | 122 | ▶ Produktion auf Kosten der Umwelt |
| | | Wir erkunden einen Betrieb |
| ⑬ Industriestandorte der Erde | 123 | |
| ⑭ Die Reise eines T-Shirts | 124 | ▶ Gütererzeugung ohne Grenzen |
| ⑮ Wir orientieren uns in Asien | 125 | |
| **PLAKAT gestalten** | **126** | |

### Menschen leisten Dienste

| | | |
|---|---|---|
| ① Die drei Wirtschaftssektoren | 127 | |
| ② Die vier Gruppen der Dienstleistungen | 128 | ▶ Was ist eine Dienstleistung? |
| ③ Dienstleistungen beschreiben den technischen Fortschritt | 128 | |
| | | Öffentliche und private Dienstleistungen |
| ④ Die Bedürfnispyramide | 129 | ▶ Wünsche und Bedürfnisse |
| ⑤ Angebot und Nachfrage bestimmen den Preis | 130 | ▶ Einkaufen und Handeln |
| ⑥ Tricks im Supermarkt – die Einkaufsfalle | 131 | ▶ Vom Supermarkt zum Onlineshopping |
| ⑦ Sandras Taschengeld | 132 | |
| ⑧ So funktioniert eine Bank | 133 | ▶ Das Geschäft der Banken |
| ⑨ Sicherheitsmerkmale auf Banknoten | 133 | |
| ⑩ Bezahlen mit Zahlungsanweisung | 134 | |
| | | Arbeiten für die Gemeinschaft |
| ⑪ Gut versorgt – entsorgen garantiert | 135 | ▶ Die Versorgung einer Stadt |
| ⑫ Der Tourismus in Österreich | 136 | |
| ⑬ Die beliebtesten Städtereisen | 136 | ▶ Freizeit gestalten – Urlaub machen |
| ⑭ Wir gestalten unseren Urlaub | 138 | |
| **Im TEAM arbeiten** | **137** | |

### Unterwegs

| | | |
|---|---|---|
| ① Arten von Verkehrsmitteln | 139 | ▶ Alle sind mobil |
| ② Das beliebteste Verkehrsmittel in Österreich | 139 | |
| **Mit DIAGRAMMEN arbeiten** | **140** | |
| ③ Wege über die Alpen | 141 | |
| ④ Unterwegs auf der Straße | 142 | ▶ Unterwegs über die Alpen |
| ⑤ Alles Verkehr … | 143 | |
| ⑥ Mit der Bahn durch Österreich | 143 | ▶ Unterwegs mit der schnellsten Bahn der |
| ⑦ Wir planen eine Bahnfahrt | 144 | Welt |
| ⑧ Schiff ahoi! | 145 | |
| ⑨ Stückgut oder Massengut | 146 | ▶ Unterwegs auf dem Wasser |
| ⑩ Rätselraten am Flughafen | 146 | |
| ⑪ Orientierung für „Vielflieger" | 147 | |
| ⑫ Ab in den Urlaub | 148 | ▶ Unterwegs mit dem Flugzeug |
| ⑬ Eine Pilotin auf Reisen | 148 | |

### Die Erde als Lebens- und Wirtschaftsraum

| | | |
|---|---|---|
| ① Eine Zusammenschau | 149 | ▶ Zusammenschau/Wirtschaftsraum |
| ② WWW – Wissen wirkungsvoll weiterentwickeln | 150 | ▶ WWW – Wissen wirkungsvoll weiterentwickeln |
| | | Stichwortverzeichnis |

# Die Erde

## 1) Das Gradnetz der Erde

**a) Ergänze die folgenden Sätze mit den Begriffen aus der Box!**

> * Äquator  * Breite  * Breitengrade  * gedachten Kreisen  * Länge
> * Längengrade  * Nullmeridian  * Pol zu Pol

Das Gradnetz der Erde besteht aus _____, mit denen die Weltkugel überzogen wird. Die _____ sind unterschiedlich lang.

Der _____ ist mit fast 40 000 km der längste Breitenkreis.

Er teilt die Erde in eine nördliche und eine südliche _____.

Alle _____ sind gleich lang und verlaufen von _____. Der _____ ist die Trennlinie zwischen der östlichen und der westlichen _____.

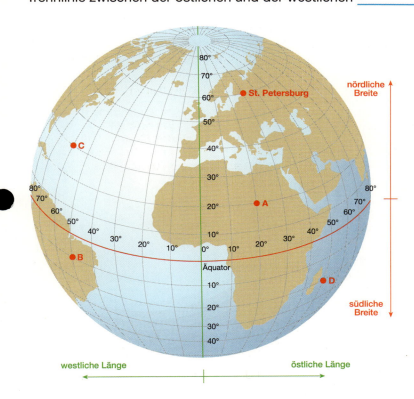

**b) Lies die Lage der Punkte ab, die auf dem Gradnetz der Erde markiert sind, und schreibe sie auf!**

A _____          B _____

C _____          D _____

St. Petersburg _____

# Die Erde

## ② Was bin ich?

**Die folgenden Angaben beziehen sich auf Hauptstädte in der ganzen Welt. Schreibe den Namen der Stadt auf und ergänze den Staat, in dem diese Stadt liegt!**

| Lage des Punktes | Stadt | Staat |
|---|---|---|
| 35° nördl. B. / 140° östl. L. | | |
| 35° südl. B. / 58° westl. L. | | |
| 21° nördl. B. / 158° westl. L. | | |
| 1° südl. B. / 37° östl. L. | | |
| 48° nördl. B. / 16° östl. L. | | |
| 35° südl. B. / 149° östl. L. | | |

*Hinweis: B. steht für Breite; L. steht für Länge*

## ③ Wo liegen diese Sehenswürdigkeiten?

**Die folgenden Bilder zeigen dir bekannte Sehenswürdigkeiten. Finde heraus, wie sie heißen und in welchen österreichischen Städten sie liegen! Ergänze den Namen der Sehenswürdigkeit jeweils in der Zeile über dem Bild!**

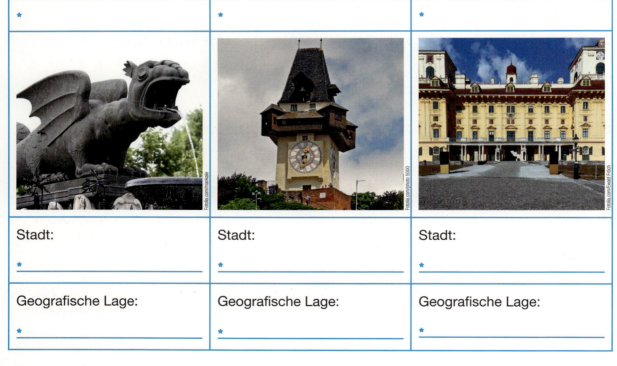

Stadt:

Geografische Lage:

Stadt:

Geografische Lage:

Stadt:

Geografische Lage:

01 Erstelle eine Tabelle mit den Sehenswürdigkeiten der anderen Landeshauptstädte? Gib auch die geografische Lage der anderen Landeshauptstädte an!

# Die Erde

## 4) Kannst du mir sagen, wie spät es gerade bei dir ist?

a) Ja... Österreich chattet mit ihren Freundinnen und Freunden rund um die Welt. ... bei ihren Bekannten? Kreuze die richtigen Zeiten an!

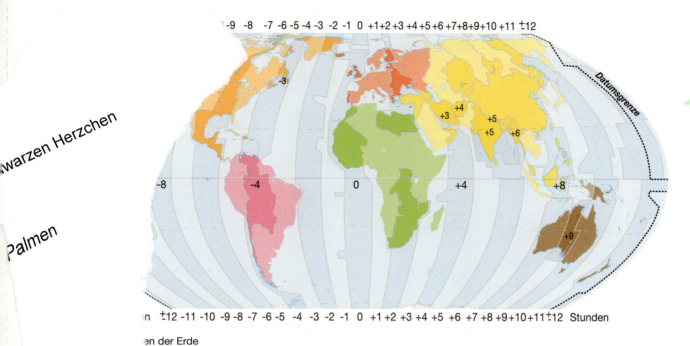

...en der Erde

... bei Jasmin in Wien 12:00 Uhr ist, dann ist es bei Juan in Lissabon
... Uhr.
... Uhr.
... Uhr.

2) Wenn es bei Jasmin in Wien 6:00 Uhr ist, dann ist es bei Cathy in New York
   ○ 00:00 Uhr.
   ○ 23:00 Uhr.
   ○ 01:00 Uhr.

3) Wenn es bei Jasmin in Wien 12:00 Uhr ist, dann ist es bei Xian Li in Tokio
   ○ 10:00 Uhr.
   ○ 20:00 Uhr.
   ○ 24:00 Uhr.

4) Wenn es bei Jasmin in Wien 5:20 Uhr ist, dann ist es bei Perinne auf der Insel Madagaskar
   ○ 17:20 Uhr.
   ○ 03:20 Uhr.
   ○ 07:20 Uhr.

b) Schreibe drei europäische Staaten auf, die in einer anderen Zeitzone als Österreich liegen!

\* _____

Erfinde ähnliche Fragen, schreibe sie auf und tausche sie mit deiner Partnerin oder deinem Partner!

# Die Erde

### ⑤ Die Datumsgrenze im Pazifik

**FSK** Schreibe diese Schlangensätze richtig in dein Heft! Achte auf die Groß- und Kleinschreibung.

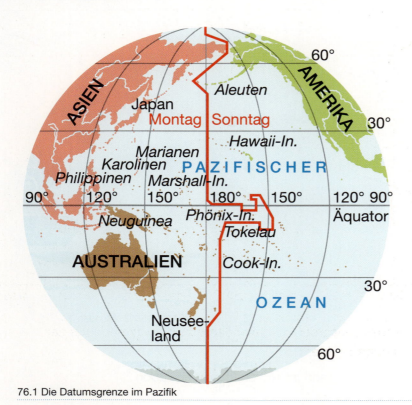

*Tipp:* Die Abkürzung In. steht hier für Inseln.

76.1 Die Datumsgrenze im Pazifik

DIEDATUMSGRENZEVERLÄUFTFASTDURCHGEHENDPARALLELZUM180.LÄNGENKREIS. SIEISTEINEGEDACHTELINIEDURCHDENPAZIFIK.ZWISCHENDENGEBIETENWESTLICHUND ÖSTLICHVONDIESERLINIEHERRSCHTIMMEREINKALENDERTAGUNTERSCHIED.STEIGT MANVONWESTENNACHOSTENÜBERDIESELINIE,REISTMANGLEICHSAMEINENTAGINDIE VERGANGENHEIT.ÜBERTRITTMANDIELINIEALLERDINGSVONOSTENNACHWESTEN,SO GELANGTMANSOZUSAGENINDIEZUKUNFT.UNDBEIMJAHRESWECHSELISTAUFDER WESTLICHENSEITEBEREITSNEUJAHR,WÄHRENDDIEMENSCHENAUFDERÖSTLICHEN SEITEGERADEERSTSILVESTERFEIERN.

### ⑥ Sommerzeit – Winterzeit

**M1** Erkläre diese Abbildung mit eigenen Worten!

★ Frühling: _____

★ Herbst: _____

# ⑦ Die Bevölkerung der Erde

**Betrachte das Diagramm genau und beantworte dann die unten stehenden Fragen!**

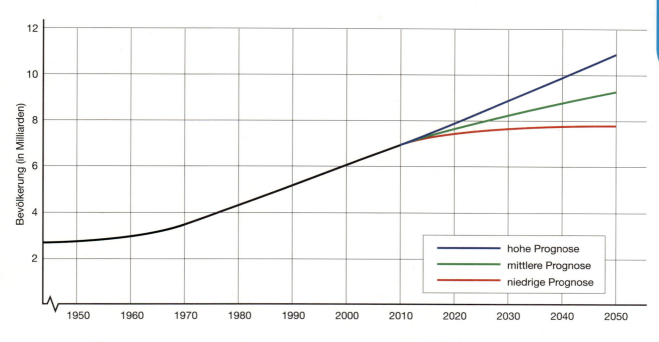

1) Welcher Bereich wird auf der x-Achse (waagrechte Achse) dargestellt? Was bedeutet der Abstand zwischen den einzelnen Angaben hier?

2) Welche Zahlen werden auf der y-Achse (senkrecht) dargestellt? Was bedeutet der Abstand hier?

3) Wie viele Menschen lebten 2010 auf der Erde?

4) Welche Werte kannst du für 2050 ablesen? Warum glaubst du, gibt es drei Werte?

5) Wie weit liegen diese Schätzungen auseinander?

**Suche eine Erklärung für das Wort „Prognose" im Wörterbuch!**

# Die Erde

## ⑧ Wenn die Welt ein Dorf wäre …

**a)** Was kannst du aus den Grafiken herauslesen? Formuliere zu jeder Grafik einen Satz, wie im Beispiel gezeigt!

**Hier ist ein Beispiel:**

Wenn auf der Erde nur 100 Menschen leben würden, dann hätten 76 Menschen elektrischen Strom, und 24 Menschen würden ohne Strom leben.

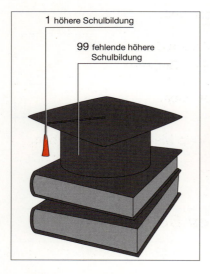
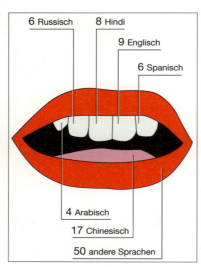
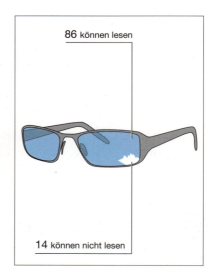

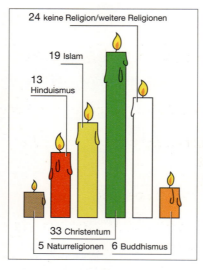
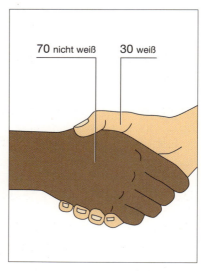

**b)** Was würde das für dich bedeuten? Überlege mit einer Partnerin oder einem Partner, wie bzw. ob sich euer Leben ändern würde.

# Die Erde

## ⑨ Gunsträume und Ungunsträume der Erde

In manchen Gebieten der Erde herrschen gute Bedingungen für die Landwirtschaft, für die Siedlungen der Menschen, für Verkehr oder für Industrien. Diese Gebiete nennt man Gunsträume. Andere Gebiete, die fast menschenleer sind, werden als Ungunsträume bezeichnet. Dort gibt es extreme Temperaturen, schlechte Böden und oft zu wenig Wasser.

**FSK** Verbinde mit Linien zusammenpassende Satzteile. Schreibe die ganzen Sätze dann in dein Heft!

| | |
|---|---|
| Die Gunsträume der Erde sind … | … Voraussetzungen für eine ertragreiche Landwirtschaft. |
| Günstiges Klima und die fruchtbaren Böden sind die … | … beschreibt die Bevölkerungsdichte. |
| In den dicht besiedelten Gebieten der Erde … | … wie viele Menschen im Durchschnitt auf 1 km² leben. |
| Wie dicht ein Gebiet bewohnt ist, … | … wenig ertragreich. |
| Die Bevölkerungsdichte zeigt an, … | … dicht besiedelt. |
| Die Ungunsträume der Erde sind … | … viel größer als die der dicht besiedelten Gebiete. |
| Hier ist die Landwirtschaft … | … dünn besiedelt. |
| Die Fläche der dünn besiedelten Gebiete ist … | … suchen viele Menschen nach Arbeit. |

## ⑩ Voraussetzungen für ein dicht besiedeltes Gebiet

**B1** Welche Aussagen sind richtig, welche falsch? Kreuze an! Stelle die falschen Aussagen richtig und schreibe sie in dein Heft!

| | richtig | falsch |
|---|---|---|
| Große Gebirge, wie die Alpen, sind der ideale Platz für große Städte. | ○ | ○ |
| Dicht besiedelte Gebiete entstehen niemals auf gefrorenen Böden. | ○ | ○ |
| In Gebieten, in denen viele Menschen wohnen, werden große Mengen an Trinkwasser benötigt. | ○ | ○ |
| Dicht bewaldete Gebiete sind auch dicht besiedelt. | ○ | ○ |
| Gebiete mit Arbeitsplätzen, ärztlicher Versorgung, Schulen und Freizeiteinrichtungen ziehen viele Menschen an. | ○ | ○ |
| Die Gebiete der polaren Zone sind dichter besiedelt als die der gemäßigten Zone. | ○ | ○ |

# Die Erde

## ⑪ Der Teufelskreis der Armut

Schreibe die Begriffe aus der Box unter die passenden Bilder!

| * Armut * geringe Arbeitsleistung * Kinderarbeit * krank und kraftlos * mangelhafte Ausbildung * wenig Lohn und keine Ersparnisse * zu wenig Nahrung |

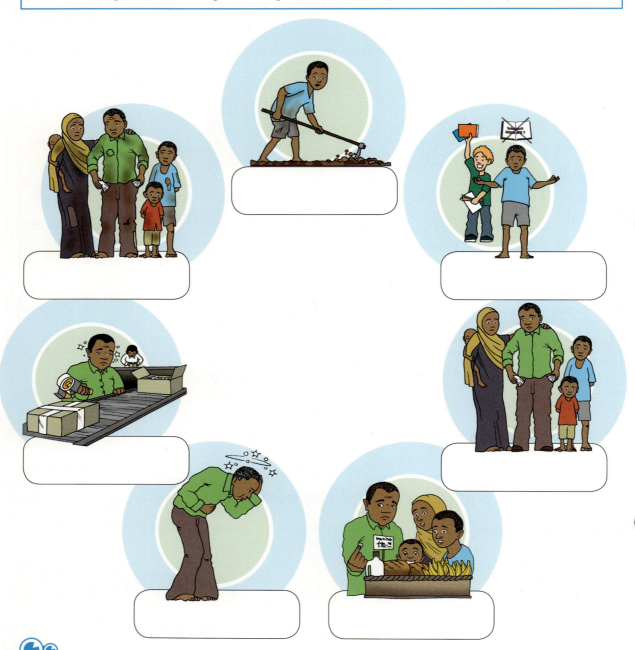

a) In der folgenden Box findest du die entsprechenden Erklärungen sowie Synonyme (unterschiedliche Begriffe mit derselben Bedeutung) zu den Ausdrücken aus der Box oben. Finde die passenden Paare und schreibe sie in einer Tabelle in dein Heft!

| * kann/darf nicht in die Schule gehen * niedriges Einkommen * kein/wenig Essen und Trinken * schlechter Gesundheitszustand * child labour * kann keine anstrengenden Arbeiten erledigen * Mittellosigkeit |

b) Recherchiere im Internet nach konkreten Projekten gegen die Armut!

# ⑫ Arm und Reich

Die folgende Karte zeigt das BIP/Kopf (Bruttoinlandsprodukt pro Person) aller Staaten der Erde. Das BIP gibt die wirtschaftliche Gesamtleistung eines Staates an. Wird diese durch die Einwohnerzahl dividiert (BIP/Kopf), ergibt sich ein Durchschnittswert, mit dem man das „Wohlergehen" der Menschen in einem Staat messen kann.

M4 **Betrachte die Karte genau und beantworte die Fragen!**

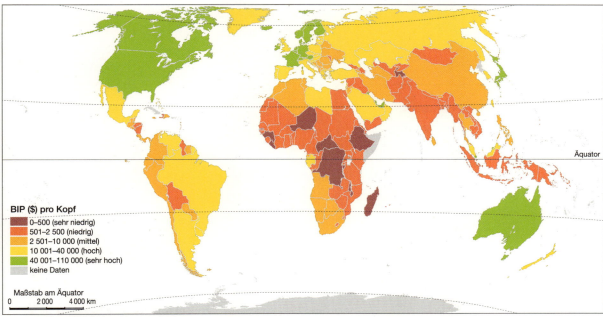

81.1 BIP ($) pro Kopf – Staatenvergleich

1. Das BIP ist in $ angegeben. Rechne die Werte in der Legende in Euro um (1 $ ≈ 0,76 €)!

2. Betrachte die Legende! Was bedeuten die Farben in dieser Karte?

3. Welche Staaten gehören zu den reichsten der Erde? Nenne mindestens sieben!

4. Welche Staaten gelten weder als arm noch als reich? Nenne mindestens sieben!

5. Welche Staaten sind von großer Armut betroffen? Nenne mindestens fünf!

# Die Erde

## ⑬ „Wir spielen Welt" – ein Planspiel

**a)** Führt in der Klasse gemeinsam folgendes Spiel durch und bearbeitet dann die Aufgaben!

**Materialien:**
* Schilder mit den Namen der Kontinente
* 25 (20) Sessel
* 25 (20) Schülerinnen und Schüler
* 25 (20) Luftballons
* 25 (20) Semmeln (oder etwas anderes Essbares)

**Spielort:** Klasse oder Festsaal
**Spieldauer:** ca. 40 Minuten
**Spielanleitung:**

1. Schritt: Verteilt die Schilder der Kontinente in der Klasse so, dass die Aufteilung ungefähr der Lage der Kontinente auf der Weltkarte entspricht.
2. Schritt: „Wenn die Anzahl der Sessel die Größe der Kontinente darstellt, wie würdet ihr sie verteilen?"
3. Schritt: „Wenn die Anzahl der Kinder die Bevölkerung der Kontinente darstellt, wie würdet ihr sie verteilen?"
4. Schritt: „Wenn die Anzahl der Luftballons den Energieverbrauch der Kontinente darstellt, wie würdet ihr sie verteilen?" Nach dem Verteilen werden die Luftballons gemeinsam aufgeblasen.
5. Schritt: „Wenn die Anzahl der Semmeln der Reichtum der Kontinente wäre, wie würdet ihr sie verteilen?"

**b)** Notiert dann in der Kleingruppe in Stichwörtern die Situation und überlegt, wie sich die Menschen auf diesem Kontinent fühlen (gerecht/ungerecht behandelt, als reich/arm …)!

**c)** Vergleicht eure Ergebnisse und überlegt, warum die Antworten in den einzelnen Gruppen so unterschiedlich sind!

**d)** In der folgenden Tabelle findet ihr die korrekten Angaben. Vergleicht sie mit eurer Verteilung!

Verteilung entspricht den Prozent-Darstellungen (Berechnung der statistischen Werte; gerundet)

| Kontinente | Fläche | Bevölkerung | Energieverbrauch | Reichtum |
|---|---|---|---|---|
| Europa und Russland | 2 (2) | 3 (2) | 7 (6) | 9 (7) |
| Nordamerika | 4 (3) | 2 (1) | 7 (6) | 9 (7) |
| Süd- und Mittelamerika | 3 (3) | 2 (2) | 1 (1) | 1 (1) |
| Asien | 9 (7) | 15 (12) | 9 (7) | 6 (5) |
| Afrika | 6 (4) | 3 (3) | 1 (0) | 0 (0) |
| Australien u. Ozeanien | 1 (1) | 0 (0) | 0 (0) | 0 (0) |

# Leben in Ballungsräumen

## 1 Unser Lebensraum

**a)** Petra erzählt über ihr Leben am Land und über ihre Familie. Unterstreiche die Informationen, die ihren Lebensraum näher beschreiben!

„Ich heiße Petra Glawischnig und lebe in Seeboden am Millstätter See. Seeboden ist ein Dorf im Bezirk Spittal an der Drau in Kärnten. Gemeinsam mit meiner Familie wohne ich in einem Einfamilienhaus in der Nähe der Volksschule. Meine Schwester und ich gehen zu Fuß in die Schule; mein großer Bruder muss mit dem Schulbus in die Neue Mittelschule nach Spittal fahren. Meine Eltern arbeiten in Villach und kommen erst am Abend nach Hause. Meine Freizeit verbringe ich oft im Garten meiner Oma. Während wir Kinder in der Schule sind, kocht sie für uns das Mittagessen. Meine Mama bringt die Lebensmittel nach der Arbeit mit, Oma kauft Brot und Milch beim Bäcker für das Frühstück in Seeboden ein. Andere Geschäfte gibt es in unserem Dorf nicht. Zu meinem Geburtstag gehen wir in Spittal an der Drau ins Kino. Später einmal möchte ich Krankenschwester werden. Wenn ich diese Ausbildung machen würde, müsste ich jeden Tag mit dem Zug fahren oder in einem Internat wohnen. Meine Familie würde ich dann am Wochenende besuchen. Die Berge und den See in der Umgebung könnte ich dann nur nach meinem Praktikum in den Ferien genießen."

**b)** Zähle nun die Merkmale auf, die den Lebensraum des Kindes besser beschreiben!

# Leben in Ballungsräumen

## ② Wo möchtest du lieber wohnen?

a) Sammle Informationen über das Leben auf dem Land und in der Stadt!

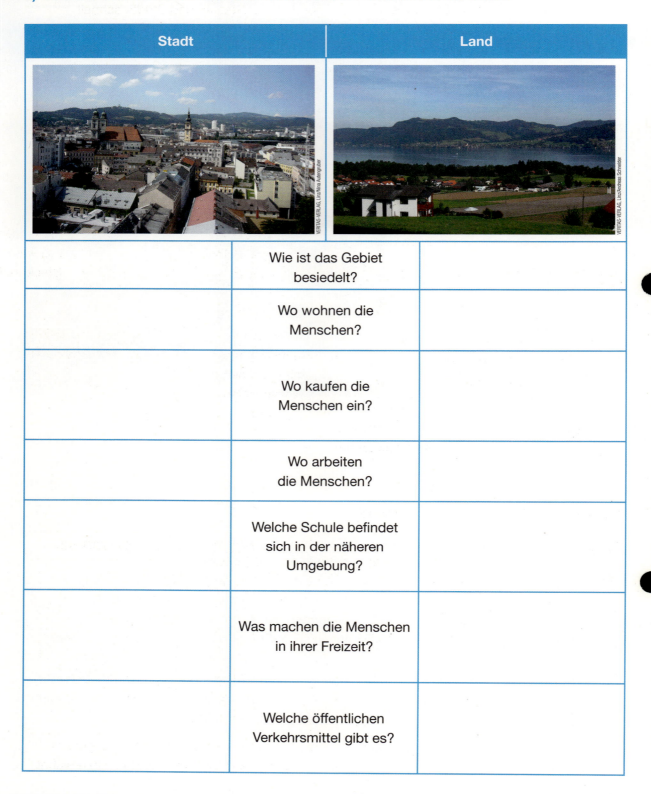

| Stadt | | Land |
|---|---|---|
| | Wie ist das Gebiet besiedelt? | |
| | Wo wohnen die Menschen? | |
| | Wo kaufen die Menschen ein? | |
| | Wo arbeiten die Menschen? | |
| | Welche Schule befindet sich in der näheren Umgebung? | |
| | Was machen die Menschen in ihrer Freizeit? | |
| | Welche öffentlichen Verkehrsmittel gibt es? | |

b) Lies die Aussage und stelle fest, ob sie richtig oder falsch ist! Begründe deine Meinung!

„In einer Stadt ist die Bevölkerungsdichte kleiner als in einem Dorf, weil die Menschen in der Stadt weniger Platz zum Leben haben."

*

**METHODE**

# STECKBRIEF

Ein Steckbrief enthält wichtige Informationen zu einem Thema übersichtlich dargestellt. Im Geografieunterricht wird ein Steckbrief vor allem genutzt, um Staaten und Städte schnell miteinander vergleichen zu können. Dabei stellst du dein Wissen und Gelerntes tabellenartig und meist mit einem Foto oder einer Zeichnung dar! Du lernst dabei, wichtige Schlüsselwörter aus Sachtexten herauszufiltern und deine Ideen stichwortartig festzuhalten. Einen Steckbrief kannst du auch zur Wiederholung und zur inhaltlichen Ausarbeitung eines Themas einsetzen.
Dein fertiger Steckbrief kann/soll der Klasse oder anderen Interessierten vorgestellt werden. Viel Spaß und Erfolg beim Erstellen eines Steckbriefes!

## Die 7 Schritte zum erfolgreichen Steckbrief!

**Ich kann das!**

1. Wähle ein Thema!
2. Sammle und recherchiere Informationen zum Thema!
3. Lies die Informationen sorgfältig durch!
4. Filtere Schlüsselwörter mit wichtigen Wortgruppen heraus!
5. Erstelle einen aussagekräftigen und strukturierten Steckbrief!
6. Füge Fotos oder Zeichnungen hinzu!
7. Präsentiere deinen Steckbrief!

**Geschafft!**

**BEISPIEL: Steckbrief der Stadt Innsbruck**

| NAME | Innsbruck |
|---|---|
| STAAT | Österreich |
| BUNDESLAND | Tirol |
| KFZ-KENNZEICHEN | I |
| FLÄCHE | ca. 105 km² |
| EINWOHNERZAHL | ca. 121 000 EW |
| GRÜNDUNG | erste Siedlungen in der Steinzeit; später römisches Lager am Inn; erstmal 1187 als „Insprucke" (Brücke über den Inn) erwähnt; seit 1205 Stadtrecht |
| SEHENSWÜRDIGKEITEN | Goldenes Dachl, Innsbrucker Dom, Triumphpforte |
| VERKEHR | wichtiger Verkehrsknotenpunkt im Inntal, an der Alpen-Transit-Strecke über den Brenner; Autobahn, Westbahn, Flughafen |
| BESONDERHEITEN | Universitätsstadt, Olympiastadt |

**LAGE UND WAPPEN**

**Erstelle nun einen Steckbrief deiner Lieblingsstadt!**

# Leben in Ballungsräumen

## ③ Stadt – Land

**a) Kreuze an, ob diese Aussagen zum Leben in der Stadt oder zum Leben auf dem Land passen!**

1. **Du hast die Möglichkeit, unter vielen verschiedenen Schulen die für dich passende auszusuchen.**

   ○ Leben in der Stadt
   ○ Leben auf dem Land

2. **Deine Mutter kauft Fleisch direkt bei der Bäuerin oder beim Bauern. Obst und Gemüse holt sie aus dem eigenen Garten.**

   ○ Leben in der Stadt
   ○ Leben auf dem Land

3. **Dein Vater sucht nach einem neuen Fernsehgerät und lässt sich in verschiedenen Fachgeschäften beim Kauf beraten.**

   ○ Leben in der Stadt
   ○ Leben auf dem Land

4. **Für deinen neuen Pass fährst du mit den öffentlichen Verkehrsmitteln zum Rathaus, da es im Zentrum nur wenige Parkplätze gibt.**

   ○ Leben in der Stadt
   ○ Leben auf dem Land

5. **Beim Feuerwehrfest sind alle Bewohnerinnen und Bewohner herzlich eingeladen, weil alle einander kennen!**

   ○ Leben in der Stadt
   ○ Leben auf dem Land

6. **Deine Oma geht zum einzigen Arzt in der Nähe. Hoffentlich muss sie nicht ins weit entfernte Krankenhaus.**

   ○ Leben in der Stadt
   ○ Leben auf dem Land

**b) Verfasse nun selbst eigene Aussagen und lass deine Mitschülerinnen und Mitschüler raten!**

\* _____

○ Leben in der Stadt
○ Leben auf dem Land

\* _____

○ Leben in der Stadt
○ Leben auf dem Land

# Die europäische Stadt

## ① Hauptstädte Europas

Europäische Hauptstädte sind beliebte Reiseziele. Jede Metropole ist einzigartig mit ihren Sehenswürdigkeiten, ihren Eigenschaften und ihrer Geschichte.

01 **a) Welche europäischen Hauptstädte werden hier gesucht? Zeichne deine Lösungen in die Europakarte ein!**

> Diese Hauptstadt liegt in einem Nachbarstaat Österreichs, das für Käse und Uhren berühmt ist.
>
> Wie heißt diese Stadt?

> Wie heißt die Hauptstadt Lettlands und wo liegt sie?

> Diese Hauptstadt liegt in Südeuropa, in einem Nachbarstaat Österreichs. In ihr befindet sich ein Zwergstaat.
>
> Wie heißt diese Stadt?

> Diese Hauptstadt liegt im Nordwesten Europas. Sie befindet sich auf einer Insel und liegt an der Themse. Ein berühmtes Wahrzeichen der Stadt ist Big Ben.
>
> Wie heißt diese Stadt?

> Sie ist die nördlichste Hauptstadt Europas und gehört zu einem Inselstaat.

87.1 Die Hauptstädte Europas

01 **b) Erstelle eine Tabelle mit den Staaten und deren Hauptstädten. Notiere für jede Stadt eine besondere Sehenswürdigkeit! Recherchiere dazu auch im Internet!**

# Die europäische Stadt

## 2) Wien, die Stadt der Musik

**a) Lies den Text über die Musikstadt Wien sorgfältig und beantworte dann die Fragen!**

### Wien, Stadt der Musik

In keiner anderen Stadt der Welt lebten und arbeiteten so viele berühmte Komponisten wie hier. In der Wiener Innenstadt befinden sich Gedenktafeln, Statuen, Gassen und Häuser, die z. B. an Ludwig van Beethoven, Joseph Haydn, Wolfgang Amadeus Mozart, Franz Schubert, Johann Strauß und viele andere erinnern. Musikinteressierte Besucherinnen und Besucher der Stadt erhalten in „Musikspaziergängen" die Möglichkeit, Geschichten über die Musiker zu erfahren und Erinnerungen an sie neu aufleben zu lassen.

Der Stephansdom ist mit der Lebensgeschichte einiger Komponisten eng verbunden. Joseph Haydn sang als Chorknabe mit acht Jahren im Stephansdom und begann hier seine Karriere. Mozart heiratete in dieser Kirche seine Frau Constanze und ließ zwei seiner Kinder in diesem Dom taufen. Später, kurz vor seinem Tod, bewarb sich Mozart sogar als Domkapellmeister. Im Totenbuch des Wiener Stephansdomes wurden der Tod von Mozart, Salieri, Gluck und Schubert vermerkt. Im Stadtpark stehen unter anderem die Denkmäler von Franz Schubert und Robert Stolz, der als Komponist vieler Operetten berühmt wurde. Das „Goldene Denkmal" vom Geige spielenden Johann Strauß (Sohn) ist eines der meistfotografierten Denkmäler der Welt. Als Walzerkönig schrieb Strauß über 500 Werke, darunter den „Donauwalzer" und die Operette „Die Fledermaus".

Heute werden jährlich eine große Anzahl an Opern, Ballettwerken, Musicals, Operetten und Konzerten in der Stadt der Musik präsentiert. Dafür stehen mehrere Spielstätten wie die Staatsoper, die Volksoper, das Theater an der Wien, das Ronacher, der Wiener Musikverein sowie das Konzerthaus zur Verfügung.

*Information aus: Auf den Spuren berühmter Musiker durch Wien. In: http://www.wien.info*

1. Warum wird Wien auch als „Stadt der Musik" bezeichnet?

2. Wer begann seine Karriere im Stephansdom?

3. Erkläre die Begriffe „Oper" und „Walzer" mithilfe des Wörterbuchs oder eines Lexikons!

**b) Der Text enthält Informationen zu diesen Bildern. Beschrifte sie!**

# Die europäische Stadt

## ③ Ein Besuch im Schloss Schönbrunn

Schloss Schönbrunn bietet verschiedene Möglichkeiten zur Besichtigung an:

### TOUR A – die große Tour

Die große Tour durch das Schloss führt durch 40 Prunkräume.
Sie startet im Westflügel des Schlosses und führt Sie durch die Appartements des Kaiserpaares Franz Joseph und Elisabeth, durch den Mitteltrakt mit den Festsälen und Repräsentationsräumen und zusätzlich noch in den Ostflügel des Schlosses.
Hier sehen Sie die kostbaren Audienzzimmer des Kaiserpaares.

Dauer ca. 50 Min.    **Preis: Erwachsene: 16,50 EUR / Kinder (6–18 Jahre): 11,00 EUR**

### TOUR B – die Imperial-Tour

Die Imperial-Tour ist die kürzere Tour durch das Schloss Schönbrunn. Sie umfasst 22 Räume. Sie beginnt im Westflügel des Schlosses und zeigt die Appartements des Kaiserpaares Franz Joseph und Elisabeth sowie die Festsäle und Repräsentationsräume im Mitteltrakt.

Dauer ca. 35 Min.    **Preis: Erwachsene: 11,50 EUR / Kinder (6–18 Jahre): 8,50 EUR**

### TOUR C – der Classic-Pass

Der Classic Pass kombiniert in nur einem Ticket die große Tour durch das Schloss Schönbrunn mit drei Attraktionen im Schlosspark. Besichtigt werden der Kronprinzengarten, der Irrgarten mit dem Labyrinth und die Aussichtsterrasse auf der Gloriette.

Dauer ca. 120 Min.    **Preis: Erwachsene: 18,50 EUR / Kinder (6–18 Jahre): 12,00 EUR**

*Informationen aus http://www.schoenbrunn.at*

**Lies nun die Aussagen in der linken Spalte der Tabelle durch und entscheide, welche der drei Führungen für die angegebenen Bedürfnisse die passende ist! Kreuze die passende Führung an!**

| Aussage | TOUR A | TOUR B | TOUR C |
|---|---|---|---|
| Du suchst die billigste Variante, um möglichst viel vom Schloss und vom Park zu sehen. | ○ | ○ | ○ |
| Du hast gemeinsam mit deinem Freund nur mehr € 17,00 zur Verfügung. Welche Tour könnt ihr euch noch ansehen? | ○ | ○ | ○ |
| Dich interessieren die Prunkräume am meisten. Davon möchtest du möglichst viele sehen. Welche Tour ist für dich die geeignete? | ○ | ○ | ○ |
| Deine Freundin möchte unbedingt das Labyrinth sehen. Welche Tour empfiehlst du ihr? | ○ | ○ | ○ |
| Deine Eltern bezahlen € 31,50 für zwei Erwachsene und für dich. Welche Führung habt ihr besucht? | ○ | ○ | ○ |

# Die europäische Stadt

## ④ Trinkwasser für fast zwei Millionen Wienerinnen und Wiener

Jeder Mensch in Wien verbraucht an einem Tag ungefähr 221 Liter Wasser. Das Trinkwasser für Wien wird mithilfe von zwei Hochquellenleitungen in die Stadt befördert. Für deren Erhaltung ist die Gemeinde Wien selbst zuständig. Solche Leitungssysteme gab es übrigens schon in der Römerzeit. Damals wurde das Wasser vor allem über Aquädukte transportiert. Alle Wiener Wasserleitungsrohre zusammen ergeben eine Länge von mehr als 3 000 km. Das entspricht einer Entfernung von Wien nach Moskau und wieder zurück.

**M4 Beantworte die Fragen!**

1. Durch welche Bundesländer verlaufen die Hochquellenleitungen für Wien?

   ★ _____

2. Wo beginnt die II. Wiener Hochquellenleitung und entlang welcher Orte verläuft sie bis nach Wien?

   ★ _____

3. Aus wie vielen Quellen erhält die Wiener Bevölkerung ihr Trinkwasser?

   ★ _____

4. Du bist nicht aus Wien? Woher stammt das Trinkwasser, das aus deiner Leitung kommt?

   ★ _____

# METHODE

# ORIENTIERUNG mit dem STADTPLAN

Ein Stadtplan ist eine thematische Karte einer Stadt. Sie sollte einen möglichst großen Maßstab (1 : 5000 bis 1 : 25 000) haben. Wichtige Orte (z. B. Sehenswürdigkeiten, besondere Gebäude) findest du im Straßen- und Gebäudeverzeichnis. Dort ist auch angegeben, in welchem Suchgitter du den jeweiligen Ort findest.

| Die 5 Schritte zum erfolgreichen Orientieren mit dem Stadtplan! | ✓ |
|---|---|
| 1. Wähle einen Stadtplan mit großem Maßstab! | |
| 2. Suche deinen Standort auf der Karte! | |
| 3. Suche deinen Zielort mithilfe des Straßen- oder des Gebäudeverzeichnisses! | |
| 4. Bestimme das richtige Suchgitter im Stadtplan! | |
| 5. Wähle einen geeigneten Weg zum Zielort und achte dabei auf die Legende! | |

**Beispiel:** Stadtplan der Stadt Wien

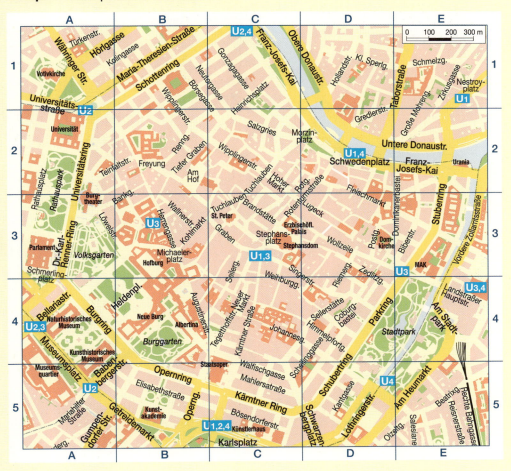

**Straßenverzeichnis:**

| Beatrixgasse | E5 | Operngasse | B5 |
| Graben | C3 | Schottenring | A2–B1 |
| Hollandstraße | D1 | Walfischgasse | C4–5 |
| Mariahilfer Straße | A5 | Zirkusgasse | E1 |

**Gebäudeverzeichnis:**

| Albertina | B4 | Stephansdom | C3 |
| Hofburg | B3–4 | Universität | A2 |
| Kunstakademie | B5 | Urania | E2 |
| Museumsquartier | A4–5 | Votivkirche | A1 |

91

# Die europäische Stadt

## ⑤ „Wie finde ich den Weg zum Stephansplatz?"

**M4** Führe die folgenden Aufgaben mithilfe des abgebildeten Stadtplans durch!

1. Du fährst mit der U-Bahn zum Schwedenplatz und möchtest zum Stephansplatz. Welchen Weg nimmst du? Zeichne den Weg in die Karte ein!

   ✱ _____

2. In welchem Suchgitter befindet sich der Heldenplatz, wo befindet sich das Bundeskanzleramt?

   ✱ _____

3. Du gehst vom *Michaelerplatz* über den *Kohlmarkt*, dann die *Tuchlauben* entlang und biegst nach rechts in die *Brandstätte* ab. Wo bist du gelandet?

   ✱ _____

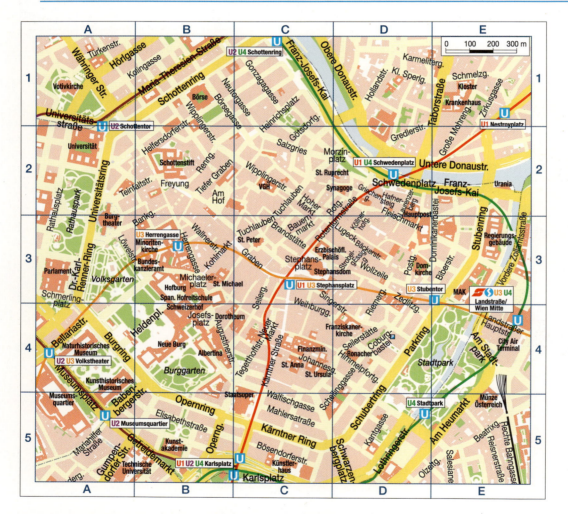

4. Du steigst am Karlsplatz in die U1 ein, steigst am Stephansplatz in die U3 um und eine Station nach der Herrengasse aus. In welchem Suchgitter befindest du dich? Was kannst du dort besichtigen?

   ✱ _____

5. Verfasse nun eine eigene Wegbeschreibung und lass deine Mitschülerinnen und Mitschüler raten, wohin der Weg führt!

   ✱ _____
   _____

# Die europäische Stadt

## 6 Aufbau einer europäischen Stadt

**Ordne die Begriffe aus der Box den Abbildungen richtig zu! (Manche Beschreibungen passen mehrfach.)**

**Teile der Stadt:**
* Altstadt (City)  * ältere Wohn- und Geschäftsviertel  * Villenviertel
* neue Geschäftsviertel, Wohnparks, Gewerbeparks

**Beschreibung:**
* Stadterweiterungsgebiet  * Stadterneuerungsgebiet  * ältester Teil der Stadt  * Stadtrand
* Stadtzentrum  * innere Bezirke der Stadt  * äußere Bezirke der Stadt  * Einfamilienhäuser
* ältere Wohnhäuser  * Einkaufszentren  * Sehenswürdigkeiten  * Flughafen  * Einkaufszentren, Büros
* moderne Wohnblockanlagen  * Büros  * kleine Betriebe  * große Industrieanlagen

| | Teile der Stadt | Beschreibung |
|---|---|---|
| | * _____ | * _____ <br> * _____ <br> * _____ <br> * _____ |
| | * _____ | * _____ <br> * _____ <br> * _____ <br> * _____ <br> * _____ <br> * _____ |
| | * _____ | * _____ <br> * _____ <br> * _____ <br> * _____ <br> * _____ |
| | * _____ | * _____ <br> * _____ <br> * _____ <br> * _____ <br> * _____ |

# Die europäische Stadt

## 7) Städte in Österreich

In Österreich gibt es über 70 Städte mit mehr als 10 000 Einwohnerinnen und Einwohnern. Zusätzlich gibt es auch Gemeinden, die das Stadtrecht besitzen und sich „Stadt" nennen dürfen. Insgesamt hat Österreich mehr als 200 Städte.

**a)** In dieser Karte sind 40 Städte gekennzeichnet. Wie heißen sie? Arbeite mit deinem Atlas und schreibe die Städtenamen auf!

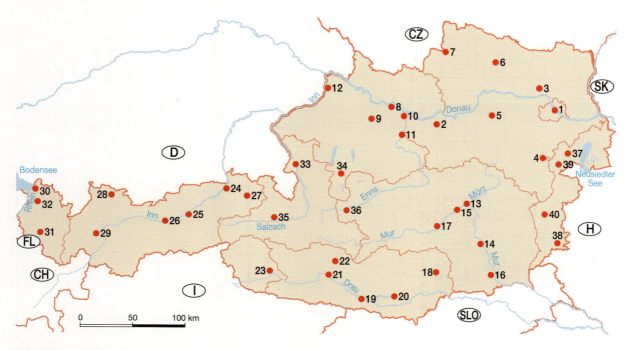

94.1 Städte in Österreich

| 1 ___ | 11 ___ | 21 ___ | 31 ___ |
| 2 ___ | 12 ___ | 22 ___ | 32 ___ |
| 3 ___ | 13 ___ | 23 ___ | 33 ___ |
| 4 ___ | 14 ___ | 24 ___ | 34 ___ |
| 5 ___ | 15 ___ | 25 ___ | 35 ___ |
| 6 ___ | 16 ___ | 26 ___ | 36 ___ |
| 7 ___ | 17 ___ | 27 ___ | 37 ___ |
| 8 ___ | 18 ___ | 28 ___ | 38 ___ |
| 9 ___ | 19 ___ | 29 ___ | 39 ___ |
| 10 ___ | 20 ___ | 30 ___ | 40 ___ |

**b)** Zeichne ein Diagramm, das folgende Informationen enthält!

Anzahl der Städte je Bundesland:

Burgenland: 13, Kärnten: 17, Niederösterreich: 76, Oberösterreich: 32, Salzburg: 11, Steiermark: 35, Tirol: 11, Vorarlberg: 5, Wien: 1

# Die europäische Stadt

## 8 Stadt – Land – Fluss

M4 **Um welche europäische Stadt handelt es sich? Ergänze die Tabelle!**

| Lage der Stadt | Name | Staat | Fluss |
|---|---|---|---|
| 41° nördl. B. / 2° östl. L. | | | |
| 43° nördl. B. / 11° östl. L. | | | |
| 48° nördl. B. / 11° östl. L. | | | |
| 60° nördl. B. / 30° östl. L. | | | |
| 53° nördl. B. / 3° westl. L. | | | |

## 9 Im Zentrum Europas

95.1 Physische Europakarte mit Hauptstädten

M4 **Arbeite mit der Maßstabsleiste und berechne die Luftlinie zwischen Wien und den folgenden europäischen Städten!**

| Entfernung von Wien nach – | km |
|---|---|
| Porto | |
| Belfast | |
| Warschau | |

| Entfernung von Wien nach – | km |
|---|---|
| Sofia | |
| Moskau | |
| Trondheim | |

## ⑩ Eine Stadtführung durch Paris

M2 **a) Ordne die Aussagen aus der Box den Abbildungen richtig zu!**

* Über dem Eingang befindet sich ein riesengroßes Rundfenster, das aus bunten Glassteinen besteht.
* Der große Bogen hat eine Höhe von 29 Metern.
* Der Innenraum bietet Platz für 9000 Menschen.
* Wurde 1889 erbaut.
* Von seinen drei Aussichtsplattformen aus, ist die ganze Stadt sichtbar.
* Er befindet sich in der Mitte des „Place Charles-de-Gaulle".
* Er ist 300 Meter hoch.
* Diese Kirche hat zwei symmetrische Türme.
* Hier treffen zwölf Straßen aufeinander.

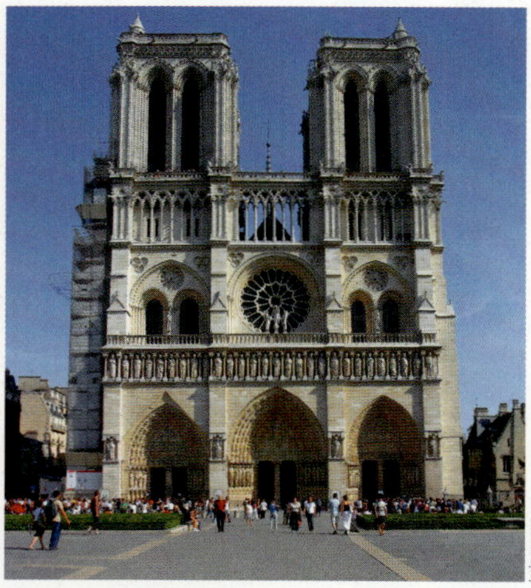

ingimage.com

Notre Dame

ingimage.com

Der Triumphbogen

Fotolia.com/Beboy

Der Eiffelturm

M2 **b) Gestalte mit den Sehenswürdigkeiten deiner Lieblingsstadt eine Zuordnungsübung!**

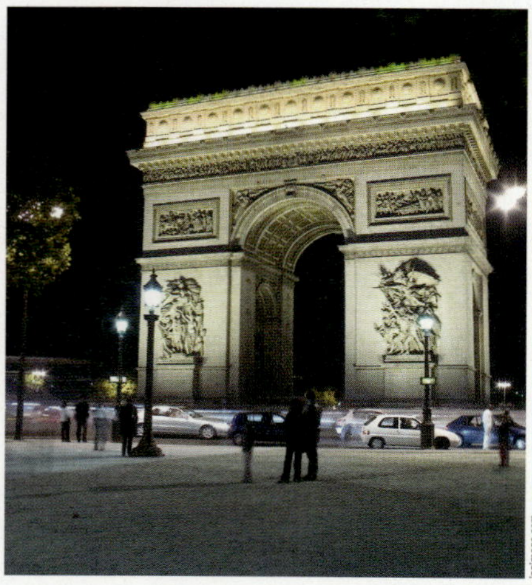

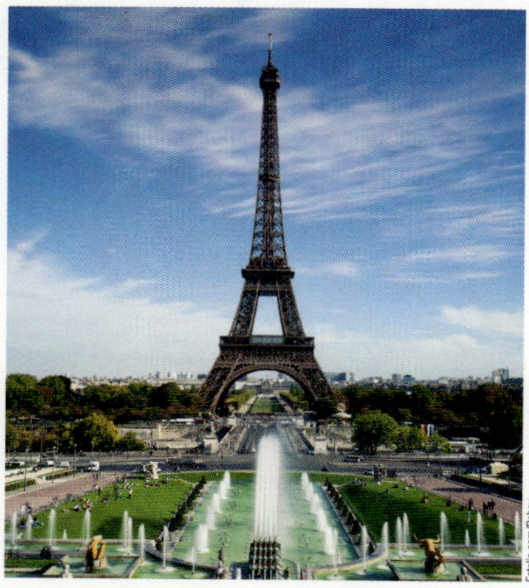

## Die europäische Stadt

### 11) Paris, die Stadt der Kunst und Museen

a) Conny ist kunstbegeistert. Sie war ein Wochenende lang in Paris und berichtet dir am Telefon von ihren Erlebnissen! Lies aufmerksam und bearbeite dann den Auftrag unten!

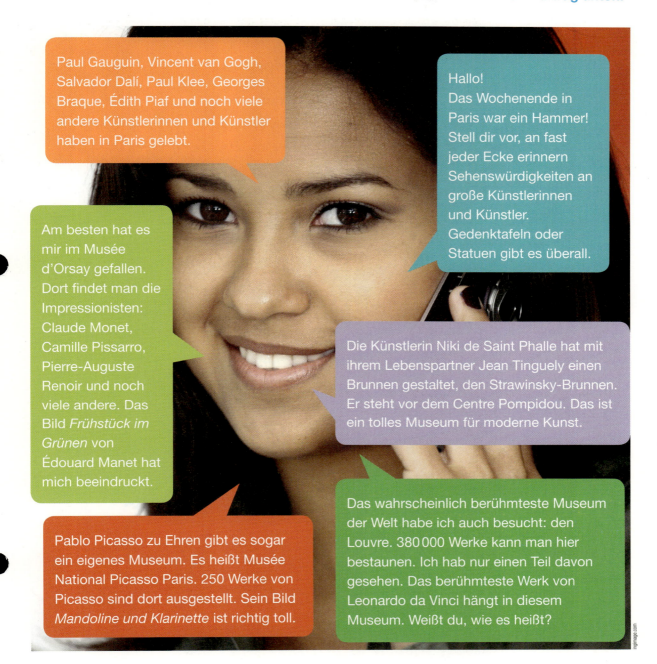

**Paul Gauguin, Vincent van Gogh, Salvador Dalí, Paul Klee, Georges Braque, Édith Piaf und noch viele andere Künstlerinnen und Künstler haben in Paris gelebt.**

**Hallo! Das Wochenende in Paris war ein Hammer! Stell dir vor, an fast jeder Ecke erinnern Sehenswürdigkeiten an große Künstlerinnen und Künstler. Gedenktafeln oder Statuen gibt es überall.**

**Am besten hat es mir im Musée d'Orsay gefallen. Dort findet man die Impressionisten: Claude Monet, Camille Pissarro, Pierre-Auguste Renoir und noch viele andere. Das Bild *Frühstück im Grünen* von Édouard Manet hat mich beeindruckt.**

**Die Künstlerin Niki de Saint Phalle hat mit ihrem Lebenspartner Jean Tinguely einen Brunnen gestaltet, den Strawinsky-Brunnen. Er steht vor dem Centre Pompidou. Das ist ein tolles Museum für moderne Kunst.**

**Pablo Picasso zu Ehren gibt es sogar ein eigenes Museum. Es heißt Musée National Picasso Paris. 250 Werke von Picasso sind dort ausgestellt. Sein Bild *Mandoline und Klarinette* ist richtig toll.**

**Das wahrscheinlich berühmteste Museum der Welt habe ich auch besucht: den Louvre. 380 000 Werke kann man hier bestaunen. Ich hab nur einen Teil davon gesehen. Das berühmteste Werk von Leonardo da Vinci hängt in diesem Museum. Weißt du, wie es heißt?**

b) Welche Aussage stammt nicht aus Connys Telefonat? Kreuze sie an!

| ① | ② | ③ | ④ | ⑤ |
|---|---|---|---|---|
| In Paris gibt es ein Museum, das Pablo Picasso gewidmet ist. | Niki de Saint Phalle gestaltete mit ihrem Lebensgefährten gemeinsam einen Brunnen. | Das berühmteste Werk im Musée d'Orsay heißt *Mona Lisa*. | Claude Monet war ein Impressionist. | Das Centre Pompidou ist ein Museum für moderne Kunst. |

# Die europäische Stadt

## 12 Servus Wien! – Bonjour Paris!

Eine Postkarte enthält Informationen über die Stadt Wien, die andere Postkarte über Paris. Beim Schreiben der Karten sind aber insgesamt fünf Fehler passiert! Suche sie und stelle sie richtig!

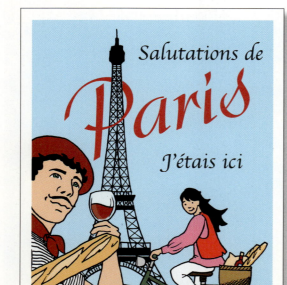

Bonjour Karina!

Gestern sind wir am zweitgrößten Bahnhof Europas, Charles de Gaulle, angekommen. Danach fuhren wir in die Cité, die Altstadt von Paris. Unser erster Weg führte uns in eines der berühmten Straßencafés, die hier Bistro heißen. Nach einem Besuch des Eiffelturms unternahmen wir eine Autofahrt auf der Seine. Den Nachmittag verbrachten wir im Louvre und bestaunten die Mona Lisa und viele andere Fotos. Heute besuchten wir Notre Dame und gingen auf der berühmtesten Straße, der Avenue des Champs-Élysées, spazieren. Dort hat mich der Triumphbogen sehr beeindruckt! Jetzt wartet die Kirche Sacré-Cœur auf dem Montmartre, ich muss Schluss machen!
Au revoir! Salut!

Isabella

Servus Nico!

Ich stehe gerade im Prater vor dem Riesenrad! Gestern besuchte ich die innere Stadt, das Zentrum Wiens. Entlang der Ringstraße gibt es viele Sehenswürdigkeiten wie die Oper, das Naturhistorische und das Kunsthistorische Museum oder das Burgtheater. Nach einem Spaziergang durch den Burggarten und die Hofburg gingen wir durch die Fußgängerzone zum Petersdom. In einem Turm des Domes hängt die Pummerin, deren Glockenklang immer das neue Jahr einläutet. Morgen werden wir das Schloss Versailles mit dem Tiergarten besuchen und am Nachmittag im Belvedere eine Ausstellung von Gustav Klimt ansehen.
Bis bald!

Dein Emre

# Die nordamerikanische Stadt

## 1  Die größten Städte Nordamerikas

M1 a) Arbeite mit der Nordamerikakarte im Atlas! Auf welcher Seite findest du sie? *_____

M4 b) Trage die mit Zahlen gekennzeichneten Städte in der Tabelle unten!

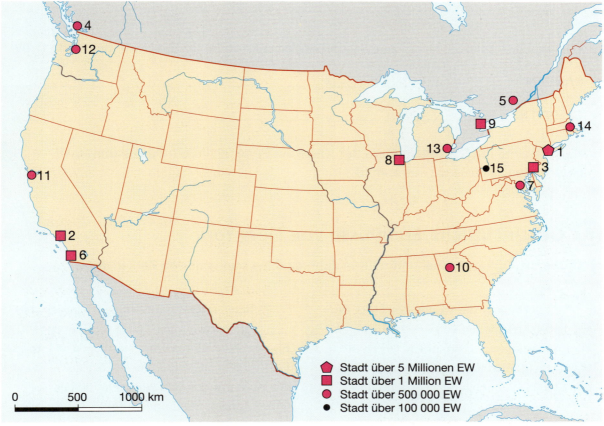

99.1 Nordamerika

| 1 |  | 6 |  | 11 |  |
|---|---|---|---|---|---|
| 2 |  | 7 |  | 12 |  |
| 3 |  | 8 |  | 13 |  |
| 4 |  | 9 |  | 14 |  |
| 5 |  | 10 |  | 15 |  |

M4 c) Mithilfe der Legende kannst du die ungefähre Einwohnerzahl der Städte ablesen! Bemale in der Tabelle Städte mit gleicher Einwohnerzahl in gleicher Farbe!

O3 d) Kennzeichne in der Karte die Hauptstadt der USA und die Hauptstadt Kanadas!

M4 e) Wie sind die Namen von Hauptstädten in deinem Atlas gekennzeichnet?

* _____

# Die nordamerikanische Stadt

## ② Was ist BOSWASH?

> Immer mehr Großstädte wachsen mit ihren Suburbs (Vorstädten) ins ländliche Umland. Besonders entlang von Hauptverkehrswegen zwischen großen Städten entstehen Betriebe, Geschäfte und Wohnsiedlungen. Das führt sogar dazu, dass einzelnen Städte zu sogenannten Städtebändern oder Megalopolen (Städtelandschaften) zusammenwachsen. Eine der größten Megalopolen ist **BOSWASH** (Boston bis Washington) an der Ostküste der USA. Hier leben 40 Millionen Menschen auf 3 % der Staatsfläche. Zahlreiche internationale Unternehmen und die besten Universitäten der Welt sind hier angesiedelt.

**a)** Aus welchen Städten sind diese Städtebänder entstanden? Arbeite mit der Karte S. 99!

**SANSAN:** *_____

**CHIPITTS:** *_____

**b)** Kennzeichne die Städtebänder in der Karte auf Seite 99, indem du zusammengewachsene Städte rot einrahmst!

## ③ Geschichtliche Ereignisse von New York

**a)** Ordne die Zeitungsausschnitte ihren Jahreszahlen nach mit den Zahlen 1–6!

☐ Das Zeitalter der Wolkenkratzer begann 1902 durch den Bau des 21-stöckigen Flatiron Buildings am Broadway. Durch die Stahlskelettbauweise war es erstmals möglich, ein 87 m hohes Gebäude zu errichten.

☐ Baumeister der Stadt versuchen sich stets zu übertrumpfen – 1931 eröffnet das Empire State Building mit stattlichen 443 m. Es ist zu diesem Zeitpunkt das höchste Gebäude der Welt. Für den Bau wurden 6 500 Fenster, 60 000 Tonnen Stahl und 10 Millionen Ziegel verwendet.

☐ Ein wichtiger Tag in der Geschichte des Fastfoods: 8 Jahre nach der Gründung des ersten McDonald's-Schnellrestaurants in Kalifornien wird 1948 im Grand Hyatt Hotel New York der erste Hamburger verkauft. Heute gibt es im Stadtteil Manhattan rund 65 McDonald's-Filialen.

☐ Die Freiheitsstatue (Statue of Liberty) war ein Geschenk der Franzosen an die USA. Sie wacht als Zeichen der Freiheit vor dem New Yorker Hafen. Feierlich enthüllte Präsident Cleveland am 28. 10. 1886 die 93 m hohe Kupferstatue. In der Hand hält sie eine vergoldete Fackel. Die sieben Strahlen ihrer Krone stehen für die sieben Kontinente.

☐ Das erste öffentliche Verkehrsmittel war erfunden. 1832 nimmt der erste, von Pferden gezogene „Bus" seinen Betrieb auf.

☐ Auf das Drängen des New Yorker Bürgermeisters Clinton wurde im Stadtrat ein neues Bildungsgesetz beschlossen. Am 19. Mai 1806 nahm die erste kostenlose Schule in New York ihren Betrieb auf.

**b)** Trage diese Ereignisse auf einer Zeitleiste ein (25 Jahre = 1 cm). Ergänze deine Darstellung mit den Ereignissen aus Teil 1 Seite 22!

# Die nordamerikanische Stadt

## 4) Aufbau der Stadt New York City

**a)** Welche Aussagen sind richtig, welche falsch? Kreuze an! Stimmen deine Einschätzungen, ergeben die jeweiligen Buchstaben ein Lösungswort.

| Aussage | richtig | falsch |
|---|---|---|
| Die europäischen Städte sind jünger als die nordamerikanischen Städte. Viele entstanden im 14. Jahrhundert. | B | Y |
| Die Straßen in vielen nordamerikanischen Städten ähneln einem Schachbrett – sie verlaufen von Norden nach Süden oder von Westen nach Osten. | A | E |
| In der Downtown von New York City befindet sich das Finanz- und Wirtschaftszentrum der Stadt. Es liegt im Stadtteil Brooklyn. | R | N |
| Im Übergangsbereich zwischen Downtown und Suburbs wohnt die ärmere Bevölkerung in alten, oft baufälligen Wohnhäusern. | K | A |
| Wer es sich leisten kann, zieht in ein Einfamilienhaus mit Garten am Rande der Stadt. | E | S |
| Die Bewohnerinnen und Bewohner der Suburbs müssen zur Schule, zum Einkaufen oder für einen Arztbesuch in die Downtown fahren. | T | E |

**LÖSUNG:** Das ___ ___ ___ ___ ___ ___ -Stadion ist ein berühmtes Stadion in New York.

**b)** Stelle die falschen Aussagen richtig und schreibe sie in dein Heft!

## 5) Boroughs – die Stadtviertel von NYC

Beschrifte die Boroughs von New York City in der Karte mit den Zahlen 1–5!

**Manhattan (1)** liegt im Zentrum von New York City. Es ist flächenmäßig das kleinste Stadtviertel und hat mit circa 26 600 Einwohnerinnen und Einwohnern pro km² die höchste Bevölkerungsdichte. Südöstlich von Manhattan liegt der Stadtteil **Brooklyn (2)**. Die Brooklyn-Bridge verbindet diesen Stadtteil mit dem Stadtzentrum. Seit 2007 ist Brooklyn Bezirkspartner von Wien Leopoldstadt. Der größte Stadtteil ist **Queens (3)**. Den Namen erhielt er zu Ehren der englischen Königin („Queen"). Hier befindet sich einer der beiden größten Flughäfen von New York. Nördlich von Manhattan liegt der Stadtteil **Bronx (4)**. Hier leben viele Einwanderinnen und Einwanderer aus Teilen Süd- und Mittelamerikas. In diesem Stadtteil kannst du im Yankee-Stadium ein Baseballspiel besuchen. Der südlichste Stadtteil ist **Staten Island (5)**. Die Insel kann von Manhattan aus mit einer Fähre erreicht werden. Bis 2001 wurde hier der Müll von New York abgelagert.

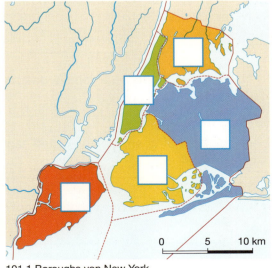

101.1 Boroughs von New York

# Die nordamerikanische Stadt

## 6 Suchaufgaben zum Stadtplan

**M4** Beantworte mithilfe des Stadtplans folgende Fragen!

1. Wie heißt die größte Grünfläche in Manhattan?

   ★ _____

2. Welche drei Brücken verbinden Manhattan und Brooklyn?

   ★ _____
   _____
   _____

3. Wie heißt der Flughafen im Süden von Manhattan?

   ★ _____

4. Wie heißt die Insel im East River?

   ★ _____

5. In welchem Suchgitter liegt der Flughafen?

   ★ _____

102.1 Stadtplan von Manhattan

6. In welchem Suchgitter liegt der Times Square?

   ★ _____

7. Welcher Tunnel liegt im Suchgitter A8?

   ★ _____

8. Nenne die Straße, die das Schachbrettmuster von Manhattan durchschneidet?

   ★ _____

9. Nenne zwei Straßen, die von Norden nach Süden verlaufen!

   ★ _____

10. Nenne zwei Straßen, die von Osten nach Westen verlaufen!

    ★ _____

11. Was fällt dir bei den Straßennamen auf?

    ★ _____

12. Wie heißt der Fluss westlich von Manhatten?

    ★ _____

## METHODE

# ORIENTIERUNG mit GOOGLE MAPS

Google Maps ist ein Web-Dienst (Internetdienst) von Google. Damit kannst du im Internet Orte, Flüsse, Gebirge, Sehenswürdigkeiten und verschiedenste andere Plätze suchen und sie dir auf einer Karte oder einem Satellitenbild anzeigen lassen. Dabei kannst du dir die Gegebenheiten vor Ort virtuell (nicht in Wirklichkeit) anschauen. Auch die Route (Strecke) von einem Ort zu einem anderen lässt sich damit berechnen. Alles, was du dazu brauchst, ist ein PC/Tablet/Smartphone mit Internetzugang.

| | Die 7 Schritte zum erfolgreichen Orientieren mit Google Maps! | ✓ |
|---|---|---|
| 1. | Öffne im Internet die Seite http://maps.google.at! | |
| 2. | Gib deinen gewünschten Suchbegriff in die Suchleiste (1) ein! Es erscheinen Informationen zum Suchbegriff (2) und die Darstellung des gesuchten Ortes (3). | |
| 3. | Mithilfe des Mausrades oder der Maßstabsleiste (4) kannst du den Maßstab verkleinern (hineinzoomen) oder vergrößern (herauszoomen). | |
| 4. | Bei gedrückter linker Maustaste kannst du die Karte bewegen. | |
| 5. | Du kannst zwischen Karte oder Satellitenbild (5) wechseln. | |
| 6. | In diesem Menü (6) kannst du zusätzliche Elemente anzeigen und ausblenden. | |
| 7. | Mit diesem Button (7) kannst du die Route zwischen zwei Orten berechnen. Es werden Informationen zur Stecke (Kilometer) und zur Reisedauer angegeben. | |

**BEISPIEL: New York City**

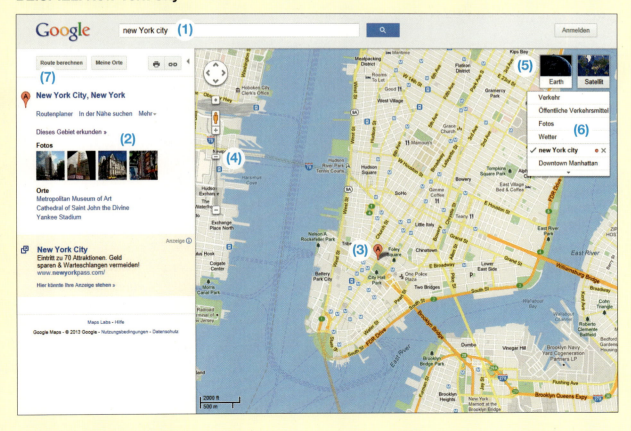

# Die nordamerikanische Stadt

## ⑦ Unterwegs in New York City

**Bearbeite mit Google Maps folgende Fragen. Hilfe dazu findest du im Methodenblatt auf Seite 103!**

1. In welcher Straße liegt das Empire State Building? *_____

2. Suche den Bryant Park! Öffne die Zusatzinformationen von Wikipedia zu diesem Park!

    a) Nach wem wurde der Bryant Park benannt? *_____

    b) Wann wurde er erbaut? *_____

3. Suche die Freiheitsstatue!

    a) Auf welcher Insel liegt die Freiheitsstatue? *_____

    b) Öffne ein Foto der Freiheitsstatue! In welcher Hand hält sie die Fackel? *_____

4. Suche den Broadway! Öffne die Zusatzinformationen zu den öffentlichen Verkehrsmitteln!

    Welche Farbe hat die U-Bahn-Linie, die entlang des Broadways verläuft? *_____

5. Suche die Brooklyn Bridge! Öffne die Informationen zum Verkehr und achte auf die Legende!

    Wie ist die aktuelle Verkehrslage auf der Brooklyn Bridge? *_____

6. Stelle die Satellitenansicht ein und suche den Central Park! Welcher Flächenanteil ist im Central Park größer?

    ○ Fläche mit Rasen   ○ Fläche mit Bäumen

> Google Maps bietet in einigen Staaten der Erde noch eine zusätzlich Funktion: **Street View**. Damit kannst du dich, wie in Wirklichkeit, auf der Straße „fortbewegen". Ziehe mit gedrückter linker Maustaste die gelbe Figur (1) vom linken Bildschirmrand auf die Karte. Mit einem Doppelklick auf einen entfernten Punkt kannst du dich in die gewünschte Richtung bewegen, mit gedrückter linker Maustaste kannst du dich drehen.

7. Begebe dich mittels Street View vor den Eingang zum Trump Tower? Was befindet sich dort?

    ○ Ampel   ○ Statue   ○ Goldene Uhr   ○ Brunnen

8. Welches Gebäude befindet sich gegenüber des Trump Towers?

    ○ Geschäft von Prada   ○ McDonald's   ○ The Crown Building

# Die nordamerikanische Stadt

## ⑧ Bilder von New York City

M2 FSK **Ordne die Bilder der Sehenswürdigkeiten den Beschreibungen richtig zu!**

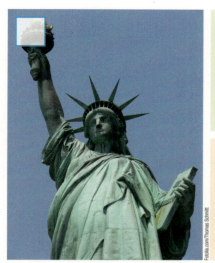

**(1)** Das Empire State Building ist das höchste Gebäude von NYC – 1931 war es sogar das höchste Gebäude weltweit. Dieser Wolkenkratzer hat 103 Stockwerke, 6 500 Fenster und ist fast 450 Meter hoch. Er steht im Stadtteil Manhattan. Der Film „King Kong" wurde hier gedreht.

**(2)** Die Freiheitsstatue trägt auf ihrem Kopf eine Krone und ist ca. 100 Meter hoch. Sie steht auf einer kleinen Insel im Hafen von NYC.

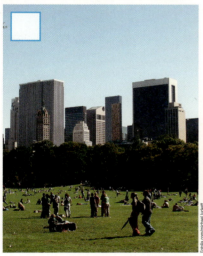

**(3)** Das Flatiron Building war der erste Wolkenkratzer in NYC. Es sieht aus wie der Bug eines Schiffes und steht an der Kreuzung 5th Avenue und Broadway. Heute ist es eine berühmte Touristenattraktion. Das Gebäude ist in allen drei Spiderman-Filmen zu sehen.

**(4)** Die Brooklyn Bridge überspannt den East River und verbindet so Manhattan mit Brooklyn. 150 000 Autos und 2 000 Fußgängerinnen und Fußgänger überqueren sie täglich. Touristinnen und Touristen haben von dort aus einen wunderbaren Blick auf die Skyline von NYC.

**(5)** Der Central Park ist die „grüne Lunge" von NYC. Die Menschen können hier alle Arten von Sport betreiben, picknicken oder einfach entspannen.

**(6)** Die Wall Street ist das finanzielle Herz der Stadt. Hier befinden sich die wichtigsten Bankzentren der Welt und die Börse.

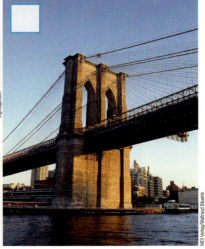

105

# Die nordamerikanische Stadt

## ⑨ Was versteht man unter …?

T1 S. 22–25 ①–④

M3 Schreibe zu folgenden Antworten die passenden Fragen auf!

| Antworten | Fragen |
|---|---|
| Skyline | |
| Downtown | |
| Suburbs | |
| Boroughs | |
| Subway | |
| Smog | |
| Rushhour | |
| pendeln | |
| Getto | |
| Highway | |
| öffentliches Verkehrsnetz | |

## ⑩ Das war die nordamerikanische Stadt

T1 S. 22–25 ①–④

FSK Kannst du den Text fehlerfrei lesen? Schreibe den Merktext dann leserlich und fehlerfrei ab!

.nwotnwoD eid ni tiebrA ruz nlettimsrhekreV nehciltneffö
ned tim nehcsneM ednesuat nlednep hcilgäT .sbrubuS ned
ni nresuähneilimafniE ni nenhow renakiremA ednebahlhow
.soruüB dnu etfähcseG ,neknaB eleiv hcis nedifeb reiH
.nreztarkneklow nov tgärpeg tsi ,tdatS nehcsinakiremadron
red murtneZ sad ,nwotnwoD eiD .tterbhcahcS menie
thcielg ztenneßartS etnalpeg saD .nrektdatS „etla„ red
nenhi tlhef ,dnis erhaJ 003 sla retlä muak etdätS
ehcsinakiremadron aD .tednürgeg nreldeis
nehcsidnälredein nov eis edruw 6261 .ASU red tdatS
etßörg eid tsi ytiC kroY weN

# Die orientalische Stadt

## 1 Die Staaten des Orients

a) In der Karte sind zahlreiche Staaten des Orients eingezeichnet. Benenne sie mit den Silben aus der Box!

> AF – ÄGYP – AL – ARA – ARA – BI – BIEN – DA – DI – EI – EMI – GE – GHA – IRAK – IRAN – JE – JOR – KEI – KIS – KO – LIB – MA – MEN – NE – NIEN – NIG – NIS – OMAN – PA – RA – RIEN – RIEN – ROK – SAU – SCHE – SIEN – SY – TAN – TAN – TE – TE – TEN – TU – TÜR – VER – YEN

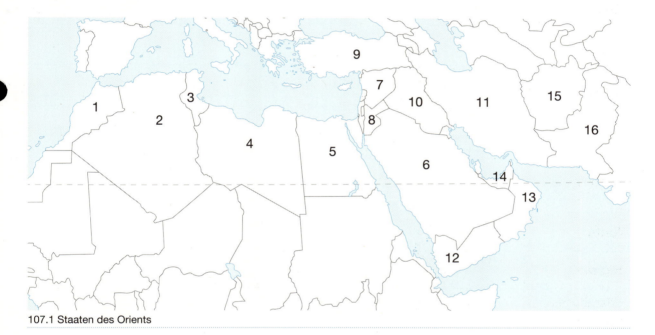

107.1 Staaten des Orients

1 _____   9 _____
2 _____  10 _____
3 _____  11 _____
4 _____  12 _____
5 _____  13 _____
6 _____  14 _____
7 _____  15 _____
8 _____  16 _____

b) Gestalte nun die Karte weiter: Beschrifte das Mittelmeer blau! Bemale Europa rot, Afrika grün und Asien gelb! Beschrifte auch den Äquator an der linken Seite der Karte!

c) Die Staaten Libanon, Kuwait, Bahrein, Katar und Israel befinden sich auch im Orient. Suche sie im Atlas und schreibe deren Hauptstädte in dein Heft!

# Die orientalische Stadt

## 2 Die orientalische Stadt

M1 **Erkläre diese Abbildungen mit eigenen Worten!**

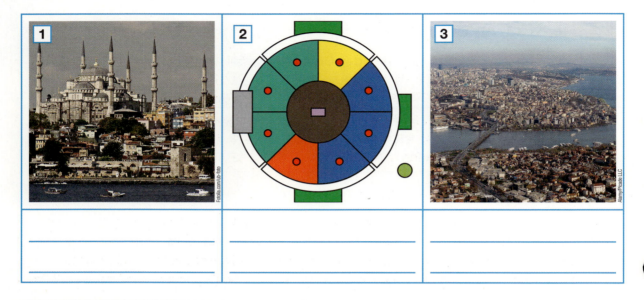

a) Übertrage die Grafik 2 in dein Heft und beschrifte sie!
b) Wie sieht der Grundriss einer nordamerikanischen Stadt aus? Skizziere diesen in dein Heft! Vergleiche mit Grafik 5.

## 3 Begriffe im Orient

M1 **In jeder Zeile befindet sich ein Begriff, der nicht zum Orient gehört. Streiche ihn durch!**

| 1. | Marokko | Ägypten | Jemen | Madagaskar |
|---|---|---|---|---|
| 2. | Kairo | Fes | Johannesburg | Beirut |
| 3. | Staubsauger | Tee | Gewürze | Teppich |
| 4. | Moschee | Stadtmauer | Suburbs | Hamam |

# Die orientalische Stadt

## 4) Istanbul entwickelt sich zur modernen Millionenstadt

**a)** Lies den Text sorgfältig und unterstreiche in jedem Absatz zwei bis vier Schlüsselwörter!

---

**\***

Istanbul ist die einzige Stadt der Welt, die auf zwei Kontinenten liegt. Der Bosporus und das Marmarameer trennen die 39 Stadtteile. Über keine Stadt der Erde kann sonst behauptet werden, dass sie die Heimat von zwei Kontinenten und somit auch von zwei Kulturen ist. Istanbul ist somit eine Stadt der Widersprüche aber auch eine Stadt, die es versteht, verschiedene Kulturen miteinander zu verbinden.

**\***

Wann genau die Stadt ihren Namen erhielt, ist unklar. Vermutlich entwickelte sich der Name aus dem griechischen Ausdruck „ei stan polis", der ungefähr „geh in die Stadt" bedeutet. 1 500 Jahre lang war Istanbul die Hauptstadt der unterschiedlichsten Völker. 1923 wurde Ankara die neue Hauptstadt der Türkei, weil die erste türkische Regierung eine Hauptstadt im Landesinneren wollte.

**\***

Im Norden von Istanbul ist inzwischen ein moderner Stadtteil mit Einkaufszentren und Hochhäusern entstanden, die an Hongkong oder London erinnern. Nach amerikanischem Vorbild wurden hier große Shoppingcenter gebaut. Sie werden hier AVM genannt, was die Abkürzung von „Alışveriş Merkezleri" (türkisches Wort für Einkaufszentrum) ist. Das sogenannte „Forum AVM" ist das vermutlich größte Einkaufszentrum Europas. Es hat eine Fläche von 495 000 m², was ungefähr der Fläche von 67 Fußballfeldern entspricht.

**\***

In den letzten 50 Jahren hat sich die Bevölkerung von Istanbul mehr als verzehnfacht. Heute leben 13 Millionen Menschen hier und jährlich kommen Hunderttausende hinzu. Der Großteil der Einwanderinnen und Einwanderer stammt aus den ländlichen Provinzen Anatoliens aber auch aus Russland und anderen Staaten Asiens und Afrikas. Diese Menschen zählen meist zur ärmeren Bevölkerung Istanbuls. Weitere Probleme der Großstadt sind die riesigen Müllberge und der tägliche Verkehrsstau, wenn die zahlreichen Pendlerinnen und Pendler zur Arbeit oder nach Hause fahren!

**b)** Ordne nun die passenden Zwischenüberschriften aus der Box richtig zu!

| Zwischenüberschriften |
|---|
| \*Riesengroß und ohne Probleme   \*Probleme einer modernen Großstadt   \*Hauptstadt der Türkei |
| \*Eine „geteilte" Stadt   \*Eine Stadt mit Geschichte   \*In London und Hongkong einkaufen |
| \*Einkaufen nach westlichem Vorbild |

01
02 **Suche nach weiteren großen Städten in der Türkei. Gibt es im Orient Millionenstädte? Wenn ja, zähle sie auf!**

# Die orientalische Stadt

## ⑤ Fachbegriffe der orientalischen Stadt

T1 S. 27–29 ①–④

M1 **Suche im Buchstabenfeld die Fachbegriffe zu diesem Kapitel! (↓, →)**

| V | A | Y | X | T | M | E | D | I | N | A | J |
|---|---|---|---|---|---|---|---|---|---|---|---|
| B | L | B | R | S | L | O | J | B | R | F | Z |
| Z | K | Q | J | A | K | I | Q | T | N | I | D |
| I | C | X | E | C | C | U | B | A | S | A | R |
| T | Y | S | Z | K | Y | U | X | K | O | C | P |
| A | R | A | P | G | F | P | Z | M | G | G | F |
| D | L | S | T | A | D | T | M | A | U | E | R |
| E | O | L | T | S | O | P | Q | D | S | R | L |
| L | X | M | O | S | C | H | E | E | Q | B | Z |
| L | R | S | R | E | R | R | P | Z | M | S | F |
| E | F | R | H | N | F | Y | N | N | K | F | L |

1) Burg
2) islamisches Gebetshaus
3) orientalischer Markt
4) Die Straßen der Altstadt sind …
5) Altstadt
6) trennt die modernen und alten Stadtgebiete

## ⑥ Verschiedene Merkmale von Weltstädten

T1 S. 16–29 ①–④

M1 **Ordne die Begriffe richtig zu!**

* Basar  * Moskau  * San Francisco  * Altstadt (= Medina)  * Wolkenkratzer
* Sackgassen  * Paris  * Moschee  * Los Angeles  * Tunis  * Altstadt  * Wien
* City  * Istanbul  * Suburbs  * Kairo  * Kirche  * New York
* schachbrettartiges Straßenmuster  * ringförmiges Straßenmuster  * London  * Markt
* Ottawa  * Shoppingmall  * Downtown

| | Stadt in Europa | Stadt in Nordamerika | Stadt im Orient |
|---|---|---|---|
| Merkmale | * \_\_\_\_ | * \_\_\_\_ | * \_\_\_\_ |
| | * \_\_\_\_ | * \_\_\_\_ | * \_\_\_\_ |
| | * \_\_\_\_ | * \_\_\_\_ | * \_\_\_\_ |
| | * \_\_\_\_ | * \_\_\_\_ | * \_\_\_\_ |
| Vertreter | * \_\_\_\_ | * \_\_\_\_ | * \_\_\_\_ |
| | * \_\_\_\_ | * \_\_\_\_ | * \_\_\_\_ |
| | * \_\_\_\_ | * \_\_\_\_ | * \_\_\_\_ |

# Megastädte

## ① Die größten Städte der Erde

a) In welchen Staaten und auf welchen Kontinenten liegen die einwohnerreichsten Städte der Erde? Arbeite mit dem Atlas und fülle die Tabelle aus!

| Nr. | Stadt | Einwohnerzahl | Staat | Kontinent |
|---|---|---|---|---|
| 1 | Tokio | 37 220 000 | | |
| 2 | Delhi | 22 650 000 | | |
| 3 | Mexiko City | 20 450 000 | | |
| 4 | New York | 20 450 000 | | |
| 5 | Shanghai | 20 210 000 | | |
| 6 | São Paolo | 19 920 000 | | |
| 7 | Mumbai | 19 740 000 | | |
| 8 | Peking (Beijing) | 15 590 000 | | |
| 9 | Dhaka | 15 390 000 | | |
| 10 | Kolkata | 14 400 000 | | |
| 11 | Karatschi | 13 880 000 | | |
| 12 | Buenos Aires | 13 530 000 | | |

(Daten nach: United Nations 2012)

b) Trage die zwölf Städte in die Weltkarte ein! Unterstreiche die Städte, die auch Hauptstädte sind!

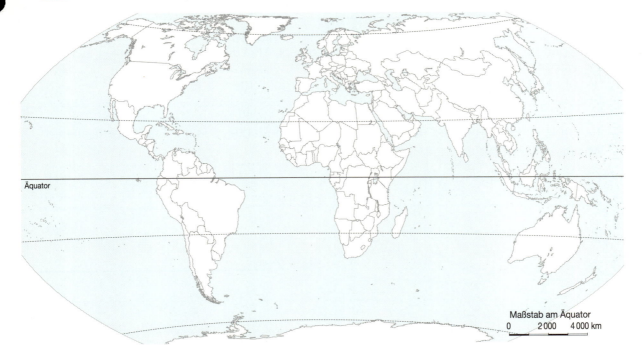

Äquator

Maßstab am Äquator
0   2000   4000 km

# Megastädte

## ② So entwickelten/entwickeln sich Städte

**In der Tabelle sind die Einwohnerzahlen von Megastädten in Millionen angegeben. Arbeite mit der Tabelle und bearbeite die Aufträge!**

| Städte | 1950 | | 1980 | | 2010 | | 2025 | |
|---|---|---|---|---|---|---|---|---|
| New York | 12,34 | | 16,60 | | 20,10 | | 23,57 | |
| Mumbai | 2,86 | | 8,66 | | 19,42 | | 26,56 | |
| Tokio | 11,27 | | 28,55 | | 36,93 | | 38,66 | |
| Paris | 6,28 | | 8,67 | | 10,52 | | 12,16 | |
| Moskau | 5,36 | | 8,14 | | 11,47 | | 12,58 | |
| Buenos Aires | 5,10 | | 9,42 | | 13,37 | | 15,52 | |
| Shanghai | 4,3 | | 5,97 | | 19,55 | | 28,40 | |
| Kairo | 2,49 | | 7,35 | | 11,03 | | 14,74 | |
| Mexiko City | 2,88 | | 13,01 | | 20,14 | | 24,58 | |
| Lagos | 0,27 | | 1,38 | | 10,79 | | 18,86 | |

(Daten nach United Nations 2012)

1. Auf welchen Kontinenten liegen diese Städte? Bemale die Felder der Städtenamen in unterschiedlichen Farben! (Europa = rot, Asien = gelb, Afrika = grün, Nordamerika = orange, Südamerika = rosa, Australien = braun, Antarktika = weiß)

2. Auf welchen Kontinenten liegen keine dieser Megastädte? *

3. Ordne die Städte ihrer Größe nach! Schreibe in die freie Spalte jeweils die Zahlen 1–10!

4. Warum können bereits Einwohnerzahlen vom Jahr 2025 angegeben werden? Erkläre!

   *

5. Berechne den Einwohnerzuwachs in Lagos von 1950 bis 2025 mithilfe der Zahlen aus der Tabelle!

   *

6. In der folgenden Grafik wird das Wachstum von zwei Städten aus der Tabelle verglichen. Welche beiden Städte sind dargestellt?

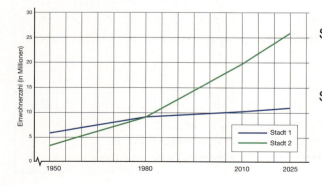

Stadt 1: *

Stadt 2: *

# Megastädte

## ③ Push- und Pull-Faktoren

Marla lebt mit ihren Eltern und ihren vier Geschwistern in einem kleinen Dorf in Argentinien. Sie erzählt ihrer Freundin Ramona, dass sie in zwei Wochen nach Buenos Aires ziehen wird. Marla und Ramona verwenden im Gespräch die Push- und Pull-Faktoren als Argumente.

**B1/G2** Erstelle zuerst eine Tabelle mit den Push- und Pull-Faktoren und schreibe dann ihr Gespräch als Dialog in dein Heft!

## ④ Probleme von Megastädten

**G2/FSK** Lies den Text sorgfältig und ordne die passenden Zwischenüberschriften aus der Box unten richtig zu!

---

\*

Mit wachsender Größe haben Megastädte viele Probleme. Menschen erhoffen sich in den Städten Wohlstand und sichere Arbeitsplätze. Wer jedoch keine gute Ausbildung hat, sucht oft vergeblich nach Arbeit. Nur die wenigsten von ihnen finden einen Job und verdienen ein paar Cent mit Hilfsdiensten. Um einigermaßen überleben zu können, finden manche Menschen keinen anderen Ausweg, als sich mit Diebstählen über Wasser zu halten.

\*

Täglich quälen sich Millionen von Autos, Lkws, Bussen, Motorrädern und Mopeds durch die Straßen der Megastädte. Mit ihren Abgasen verschmutzen sie die Luft und es bildet sich eine dichte Dunstglocke über den Städten (Smog). Aufgrund dieser vielen Schadstoffe leiden Menschen in Megastädten oft an Erkrankungen der Atemwege. Zahlreiche Kinder haben sogar bereits von Geburt an Asthma. In Megastädten erkranken sechsmal so viele Menschen an Lungenkrebs als auf dem Land.

\*

In den Elendsvierteln von Megastädten ist die mangelnde Wasserversorgung ein besonders großes Problem. Das Trinkwasser, das mit Kanistern von öffentlichen Brunnen geholt werden muss, ist oft verschmutzt. Verunreinigtes Wasser zählt zu den Hauptursachen für eine hohe Kindersterblichkeit. Man schätzt, dass täglich mehr als 500 Kinder sterben, weil sie kein sauberes Trinkwasser oder keinen Zugang zu Sanitäreinrichtungen (z. B. Toiletten) haben.

\*

Wo viele Menschen leben, entsteht auch viel Müll. Besonders in den Elendsvierteln bleibt der Müll durch die fehlende Infrastruktur (z. B. Müllentsorgung) dort liegen, wo er anfällt. Er wird zum Spielplatz für Kinder, zur Weide für Tiere oder zum Arbeitsplatz für die Bewohnerinnen und Bewohner der Stadt (z. B. Müllsammlerinnen und Müllsammler). Durch die wachsenden Müllberge liegt ständig ein modriger Geruch in der Luft und die unhygienischen Bedingungen sind Ursache für viele Krankheiten.

---

### Zwischenüberschriften

- \*Wohin mit dem Müll?
- \*Kaum medizinische Versorgung
- \*Zu viel Verkehr verursacht Luftverschmutzung
- \*Stromversorgung für alle
- \*Kriminalität steigt durch fehlende Arbeitsplätze
- \*Fließendes Wasser ist Luxus

# Megastädte

## 5 Unterwegs in Buenos Aires

**FSK** Löse die Fragen mithilfe von Google Maps und dem Methodenblatt Seite 103!

1. Welcher Platz liegt gegenüber der „Casa Rosada"? *_____

2. Öffne die Zusatzinformationen von Wikipedia zur „Casa Rosada" oder recherchiere im Internet!

    a) Was bedeutet der Name auf Deutsch? *_____

    b) Was ist die „Casa Rosada"? *_____

    c) In welchem Stadtteil liegt die „Casa Rosada"? *_____

3. Suche den „Plaza de la Republica"!

    a) Welche Straße führt um den Platz herum? *_____

    b) Öffne ein Foto des Platzes! Was steht in seiner Mitte? *_____

4. Welche Arten von Wohnhäusern findest du im Stadtteil Beccar südlich der Straße Riobamba? Um diese Frage beantworten zu können, musst du zur Satellitenansicht wechseln!

    ○ Villen mit großen Gärten und Pools    ○ Hochhäuser    ○ Hütten von Elendsvierteln

5. Das größte Elendsviertel von Buenos Aires ist „Villa 31". Es liegt im Stadtteil Retiro in der Nähe des Busbahnhofs. Suche dieses Elendsviertel mit folgenden Begriffen: „Buenos Aires, Busbahnhof Retiro"! Arbeite mit der Satellitenansicht!

    a) Welche Autobahn führt mitten durch das Elendsviertel? *_____

    b) Ziehe die gelbe Figur von Street View auf einen der blauen Punkte in der Villa 31 und betrachte die verschiedenen Fotos! Wähle ein Foto aus und beschreibe die Häuser in diesem Viertel!

    *_____

## 6 Und wie lebst du?

T1 S. 33 ④

**G1** Ordne diese Aussagen zur Situation in einem Elendsviertel (E) oder in Österreich (A) zu!

| | |
|---|---|
| Unsere einfache Hütte ist aus Materialien gebaut, die wir auf Müllhalden fanden: Blech, Holz oder Pappe. | |
| Das Bad ist mit Badewanne oder Dusche und einer Toilette ausgestattet. Wir haben zwei Bäder – eines für die Eltern und eines für mich und meine Schwester. | |
| Wenn ich krank bin, fahren meine Eltern mit mir zum Arzt. Die Kosten für die Behandlung und die Medikamente übernimmt die gesetzliche Krankenversicherung. | |
| Einmal in der Woche liefert ein Tankwagen Trinkwasser. Wir müssen uns das Wasser gut einteilen. | |
| Ich besuche am Vormittag eine Schule in unserem Stadtviertel. Nachmittags verdiene ich etwas Geld mit dem Sammeln und Sortieren von Kartons und Papier. | |

# So werden Güter erzeugt

## ① Güterarten

**a) Ordne die Begriffe aus der Box in der Tabelle richtig zu!**

> *CD  *Eisen  *Haargel  *Hammer  *Hobelmaschine  *Kopierer  *Lastwagen
> *Milch  *Pflaster  *Schlafsack  *Seife  *Snowboard  *Tisch  *Winterjacke  *Wurst

| Verbrauchsgüter | Gebrauchsgüter | Investitionsgüter |
|---|---|---|
| … haben ihren Zweck nach einmaligem Verbrauch erfüllt. | … werden mehrmals oder länger verwendet. | … werden zur Produktion von weiteren Gütern verwendet. |
| * | * | * |
| * | * | * |
| * | * | * |
| * | * | * |
| * | * | * |

> Nicht alle Güter lassen sich immer eindeutig zuordnen. Wenn du zum Geburtstag einen Laptop bekommst und ihn in deiner Freizeit zum Chatten, Spielen und Musikhören verwendest, stellt der Laptop ein Gebrauchsgut dar. Wenn du auf deinem Laptop ein Buch schreibst und es an einen Verlag verkaufst, ist er ein Investitionsgut (= Produktionsgut) – du hast damit ein Gut, in diesem Fall ein Buch, produziert.

**b) Finde selbst ein ähnliches Beispiel und beschreibe, als welche Güterarten du den gewählten Gegenstand verwenden kannst!**

# So werden Güter erzeugt

## ② Produktionsfaktoren

**a)** In der Box findest du richtige und erfundene Produktionsfaktoren! Ordne die Produktionsfaktoren der jeweils passenden Beschreibung in der Tabelle zu!

> *Arbeit   *Grund und Boden   *Kapital   *Mensch   *Sparen   *Wissen

**b)** Zeichne für jeden Produktionsfaktor ein Symbol!

| Produktionsfaktor: * | |
|---|---|
| | Dieser Produktionsfaktor beschreibt die Tätigkeiten von Menschen. Dabei wird zwischen geistiger (z. B. Planung, Organisation) und körperlicher (z. B. Bedienung von Maschinen, Lieferung von Produkten) Tätigkeit unterschieden. |
| **Produktionsfaktor: *** | |
| | Damit sollen Fragen wie „Welche Produkte werden am Markt gewünscht?" oder „Wie kann ich dieses Produkt herstellen?" beantwortet werden. Ohne die entsprechenden Ergebnisse können keine neuen Produkte erstellt und geliefert werden. Forschung und Entwicklung sind daher wichtige Vorstufen dieses Produktionsfaktors. |
| **Produktionsfaktor: *** | |
| | Dieser Produktionsfaktor wird zum Ankauf von Gebäuden, Werkzeugen, Maschinen, Rohstoffen und Energie benötigt. Die angekauften Güter bilden dann selbst einen Teil dieses Produktionsfaktors. Es werden auch Gehälter, Löhne und Rechnungen damit bezahlt. |
| **Produktionsfaktor: *** | |
| | Die Natur bietet uns Güter wie Wasser, Sonnenenergie und Rohstoffe, die wir zur Produktion benötigen. Dieser Produktionsfaktor wird je nach Herstellung eines Produkts ganz unterschiedlich genutzt. Jede Produktion benötigt z. B. ein Grundstück für das Gebäude, in dem die Güter hergestellt werden. |

**c)** Stell dir vor, du bist eine Schneiderin bzw. ein Schneider! Überlege, was du zur Herstellung eines Kleides benötigst!

| **Grund und Boden** | **Wissen** |
|---|---|
| | |
| **Arbeit** | **Kapital** |
| | |

# So werden Güter erzeugt

## ③ Allerlei Gewerbe

M1 **Suche im Buchstabenfeld jene neun Begriffe, die zum Thema Gewerbe passen, und schreibe sie in die rechte Spalte! (↓, →, ↘)**

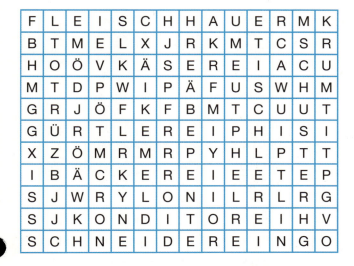

1) _____
2) _____
3) _____
4) _____
5) _____
6) _____
7) _____
8) _____
9) _____

## ④ Schritt für Schritt zum Tisch

W2 **Bringe die Sätze in die richtige Reihenfolge! Übertrage das Ergebnis in die leeren Zeilen!**

* ____ Damit der Tisch gerade ist, werden alle Teile gehobelt und Kanten im rechten Winkel ausgerichtet.

* ____ Alle Teile werden zusammengebaut und die Qualität vom Tischlermeister kontrolliert.

* ____ Die einzelnen Riegel (Holzteile) werden zu einer Tischplatte verleimt.

* ____ Alle Kanten der Beine und der Tischplatte werden abgerundet und geschliffen.

* ____ Zuerst wird das geeignete Holz für den Tisch ausgesucht und dann in der richtigen Größe zugeschnitten.

* ____ Vor dem Zusammenbau wird die Oberfläche des Holzes geölt und poliert.

* ____ Während der Leim trocknet, werden die Tischbeine in der gewünschten Höhe abgesägt.

① _____
② _____
③ _____
④ _____
⑤ _____
⑥ _____
⑦ _____

# So werden Güter erzeugt

## 5 Der richtige Standort ist entscheidend

Bemale die Standortfaktoren und die richtige Beschreibung mit denselben Farben! Trage die Buchstaben, die hinter der Erklärung stehen, in die Lösungsspalte ein! Welches Wort ergibt sich?

| Wort | Standortfaktor | Erklärung |
|---|---|---|
| PR | Grundstück | Für einige Industriebetriebe ist die schnelle Versorgung mit Rohstoffen wichtig. Transportwege sollen kurz sein. (T) |
| | Verkehr | Ein Industriebetrieb benötigt viel Energie, oft auch Wasser. Eine gute Versorgung muss gewährleistet sein. (K) |
| | Markt | Staatliche Unterstützungen machen die Ansiedlung von Betrieben interessant. (ON) |
| | Arbeitskräfte | Ein großer Industriebetrieb benötigt viel Platz. Das Grundstück muss geeignet, der Preis angemessen sein. (PR) |
| | Energieversorgung | Ein Betrieb benötigt viele Arbeiterinnen und Arbeiter mit geeigneter Ausbildung in seiner Nähe. (U) |
| | Rohstoffe | Für die Zu- und Auslieferung von Gütern ist eine gute Verkehrsanbindung notwendig. (O) |
| | Umweltvorschriften und Müllentsorgung | Güter müssen auch verkauft werden, daher muss es genug Käuferinnen und Käufer für das Produkt geben. (D) |
| | Förderungen | Es muss geprüft werden, ob ein Betrieb die Vorschriften zum Schutz der Umwelt an diesem Standort erfüllen kann. (I) |

## 6 Arbeiten mit der Wirtschaftskarte Österreichs

Beantworte die Fragen! Arbeite mit der Wirtschaftskarte von Österreich in deinem Atlas!

1. Welche bedeutenden Industriezweige findest du in Österreich?

   * _____   * _____
   * _____   * _____
   * _____   * _____
   * _____   * _____
   * _____   * _____

2. In welchen Städten bzw. Bundesländern findest du Textilindustrie?

   * _____

3. Viele Industriebetriebe liegen an Eisenbahnstrecken. Begründe warum!

   * _____

# So werden Güter erzeugt

## 7 Das ist ein Gewerbebetrieb/Das ist ein Industriebetrieb

**W2 FSK** Gestalte eine Mind-Map zum Gewerbe- oder Industriebetrieb, indem du zu den einzelnen Themenkreisen Information aus deinem Buch sammelst! Gestalte dann die Mind-Map in deinem Heft! Du kannst beliebig Äste ergänzen!

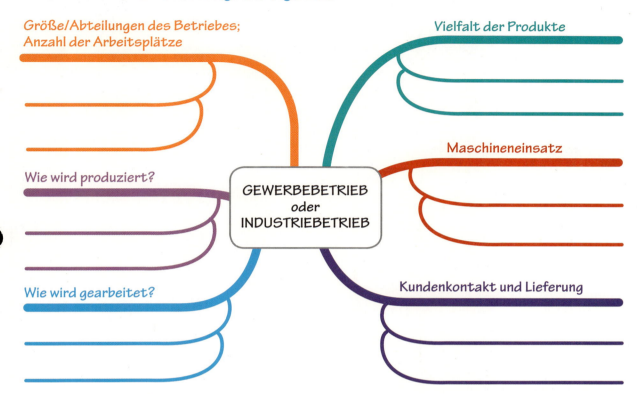

## 8 Geschäftsplanung bei KTM

**W2** Frau Kari arbeitet in der Controlling-Abteilung bei KTM. Sie muss die Geschäftsplanung sowie Analysen erstellen. Hilf ihr beim Berechnen und schreibe die Rechnungen auf!

1) Der Zusammenbau des Motorrades KTM Enduro wird in 17 Arbeitsschritte unterteilt. Die Taktzeit für einen Arbeitsschritt beträgt 1 min 56 s. Wie lang dauert der Zusammenbau eines KTM Enduro?

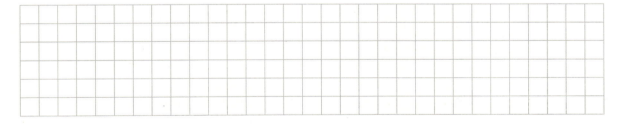

2) Die Arbeitszeit an einem Montageband beträgt 8 Stunden pro Tag. 0,3 Stunden werden für Pausen abgezogen. Wie viele KTM Enduro können an einem Arbeitstag pro Montageband zusammengebaut werden?

# So werden Güter erzeugt

## ⑨ Rätsel – so werden Güter erzeugt

M1 **Löse das Kreuzworträtsel (Ä = Ä; Ü = Ü; Ö = Ö)!**

**waagerecht:**
3. Arbeiten in einem Betrieb sind aufgeteilt
7. Beschäftigte wechseln sich bei der Arbeit ab
9. besteht aus einem Mutter- und mehreren Tochterunternehmen
10. …produkte werden noch weiterbearbeitet
11. Plan- und Organisationsstelle, Gesamtheit
13. Produkte, die zum Verkauf angeboten werden
14. anderes Wort für Dinge, Sachen, Produkte
15. herstellen, erzeugen

**senkrecht:**
1. Grund und Boden ist ein …sfaktor
2. Name eines Unternehmens
4. großer Produktionsbetrieb = …betrieb
5. früher Fließband (Mehrzahl)
6. Produktion auf Wunsch der Kundin bzw. des Kunden
7. Energieversorgung ist ein …faktor
8. Produktionsstätte zur Gütererzeugung
12. Teile, die angekauft und ohne weitere Bearbeitung verbaut werden
16. kleine und mittlere Betriebe = …betriebe

# So werden Güter erzeugt

## ⑩ Einzelfertigung/Serienfertigung – ein Vergleich

**a) Lies den Informationstext!**

> Wenn du im Werkunterricht ein Werkstück herstellst, dann führst du alle Arbeitsschritte bis zur Fertigstellung selbst aus. Diese Art der Herstellung heißt Einzelfertigung. In Industriebetrieben wird eine effektivere Form zur Herstellung von Gütern eingesetzt: die Serienfertigung. Dabei wird die Herstellung in einzelne Arbeitsschritte zerlegt (= Arbeitszerlegung). Jede Arbeiterin, jeder Arbeiter führt dabei nur einen Teilschritt (Takt) der Herstellung aus.

**b) Am folgenden Beispiel kannst du gemeinsam mit deiner Klasse diese unterschiedlichen Herstellungsarten ausprobieren und vergleichen. In der Einzelfertigung führt eine Schülerin oder ein Schüler alle sechs Arbeitsschritte aus. In der Serienfertigung gibt es sechs Arbeitsschritte. Ihr benötigt dazu sechs Personen. Bildet mehrere Gruppen!**

### Station 1
1. Lege ein A4-Blatt mit der kurzen Seite nach unten und falte es in der Hälfte!
2. Falte es nochmals in der Hälfte!
3. Ziehe alle Falten gut mit dem Fingernagel nach!
4. Falte das Blatt wieder auf!
5. Gib es an Station 2 weiter!

**MATERIAL: dickes, buntes A4-Blatt**

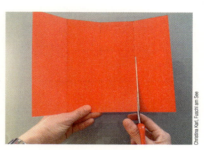

### Station 2
1. Schneide das Blatt entlang der Falten in vier Teile!
2. Gib die Teile an Station 3 weiter!

**MATERIAL: Schere**

### Station 3
1. Runde alle vier Ecken des Lesezeichens mit einer Schere ab!
2. Gib alle Teile an Station 4 weiter!

**MATERIAL: Schere**

### Station 4
1. Verstärke alle Teile an einer jeweils kurzen Seite mit einem Streifen Tixo (ca. 1 cm). Klebe auch auf der Rückseite an derselben Stelle einen Streifen Tixo!
2. Loche jedes Stück Papier an der verstärkten Stelle!
3. Gib die Teile an Station 5 weiter!

**MATERIAL: Tixo, Locher**

### Station 5
1. Schneide von einem Satinband 20 cm ab!
2. Gib die Teile an Station 6 weiter!

**MATERIAL: Band, Lineal, Schere**

### Station 6
1. Fädle das Band durch das Loch!
2. Verknote beide Enden!
3. Schneide überschüssiges Band zurecht!

**MATERIAL: Schere**

**c) Schreibe drei Vor- und Nachteile der Einzelfertigung sowie der Serienfertigung auf! Diskutiert in der Klasse darüber!**

# So werden Güter erzeugt

## ⑪ Mülltrennung und Recycling

T1 S. 40 ⑤

**Ergänze die folgenden Sätze mit den Wörtern aus der Box!**

| *Güter *Müll *Mülldeponien *Recycling *Restmüll *Sondermüll *Sperrmüll *Tonnen *Umwelt |
|---|

In vielen Haushalten wird heute schon *_____ getrennt. Wenn der Abfall getrennt entsorgt wird, können aus manchen Stoffen neue *_____ hergestellt werden. Dieser Vorgang heißt *_____ . Für die verschiedenen Reststoffe gibt es eigene *_____ (Glas, Papier, Metall, Plastik …). Giftiger Abfall (z. B. Batterien) gehört in den *_____ . Auch große sperrige Gegenstände (z. B. Matratzen) müssen manchmal weggeschmissen werden – sie gehören zum *_____ . Reststoffe, die nicht mehr verwendet werden können, kommen in den *_____ . Sie werden zu *_____ gebracht. Für die *_____ ist es am besten, gezielt Müll zu vermeiden.

## ⑫ Wohin mit dem Müll?

T1 S. 40 ⑤

**Welcher Reststoff gehört in welche Tonne? Beschrifte die Tonnen, ordne die Reststoffe aus der Box richtig zu!**

| *Buch *Gurkenglas *Futterdose *Gemüse- und Obstabfälle *Geschenkpapier *Getränkedose *Joghurtbecher *Kaffeefilter *Zahnbürste *Alufolie *Laub *CD-ROM *Zigarettenstummel *Plastikball *Plastikflasche *Marmeladeglas *Weinflasche *Zeitschrift |
|---|

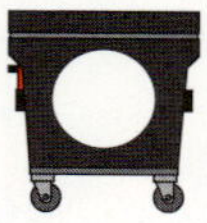

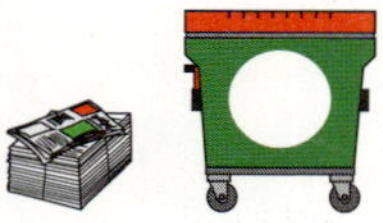

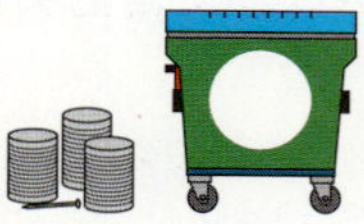

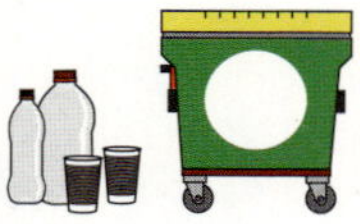

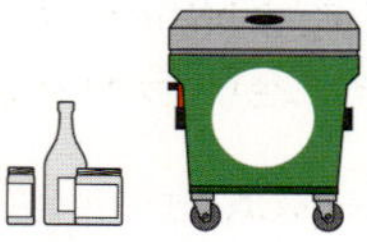

# So werden Güter erzeugt

## 13 Industriestandorte der Erde

T 1 S. 42 ⑦

M4 **Kreuze richtig an!**

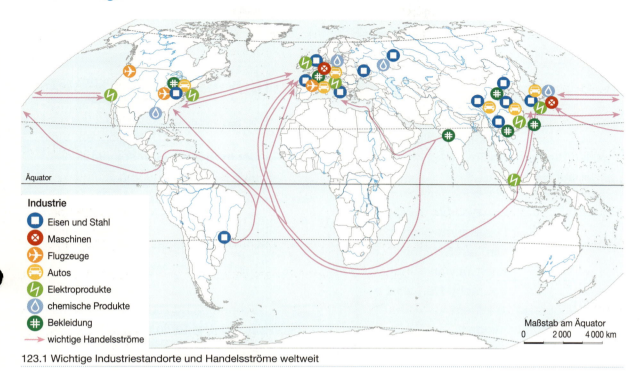

123.1 Wichtige Industriestandorte und Handelsströme weltweit

**Textil- und Bekleidungsindustrie findet man in …**
○ Nordamerika.
○ Europa.
○ Asien.

**Die meisten Standorte mit Eisen- und Stahlerzeugung findet man in …**
○ Südamerika.
○ Europa.
○ Asien.

**In Afrika gibt es …**
○ Eisen- und Stahlerzeugung.
○ keine Industrie.
○ Chemieindustrie.

**Europa liefert Industriegüter nach …**
○ Südamerika.
○ Asien.
○ Nordamerika.

**Die meisten Industriestandorte befinden sich …**
○ auf der Nordhalbkugel.
○ auf der Westhalbkugel.
○ auf der Südhalbkugel.

**Viele Industriestandorte Asiens liegen …**
○ am Meer.
○ im Landesinneren.
○ im Gebirge.

**Die meisten Industriestandorte konzentrieren sich auf …**
○ Nordamerika, Europa und Asien.
○ Asien, Australien und Südamerika.
○ Südamerika, Nordamerika und Australien.

**Die meisten Industriestandorte liegen in der …**
○ polaren Zone.
○ gemäßigten Zone.
○ tropischen Zone.

 M4 **Aus welchen Kontinenten werden Industrieprodukte nach Europa geliefert?**

# So werden Güter erzeugt

## 14) Die Reise eines T-Shirts

**a)** Lies die Textkarten und zeichne zu jeder die passende Flagge! Trage die Entfernung, die das T-Shirt von einer zur nächsten Station zurücklegt, in die Pfeile ein! Berechne am Ende die gesamte Reiseentfernung!

| | |
|---|---|
| Die Reise des T-Shirts beginnt in den USA. Dort wird die Baumwolle auf großen Plantagen in Texas angebaut. | Die Baumwolle wird in der Türkei zu Garn versponnen. Viele der modernen Garnspinnereien liegen in der Nähe von Adana. |
| Das Baumwollgarn wird auf Schiffen nach Taiwan gebracht. Dort wird es in Webereien zu feinem Baumwollstoff verwoben. | Die Reise geht weiter nach China. Dort wird das T-Shirt zugeschnitten und zusammengenäht. Jetzt ist es fertig für den Verkauf. |
| Das fertige T-Shirt landet nach einer langen Schiffsreise in Österreich. Hier wird es als Ware in den Geschäften verkauft. | Alttextilien werden von verschiedenen Organisationen gesammelt und sortiert. In Tansania wird das gebrauchte T-Shirt auf Märkten verkauft. |

Gesamte Reiseentfernung: *_____

**b)** Zeichne die Stationen und die Reise des T-Shirts in die Weltkarte ein!

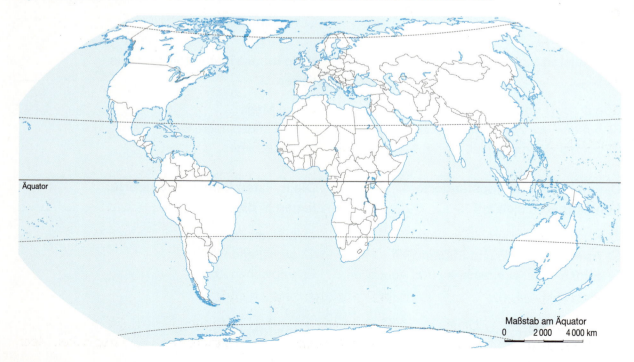

Maßstab am Äquator
0    2 000    4 000 km

## 15 Wir orientieren uns in Asien

**a)** Suche die in der Karte gekennzeichneten Punkte! Arbeite dabei mit dem Atlas!

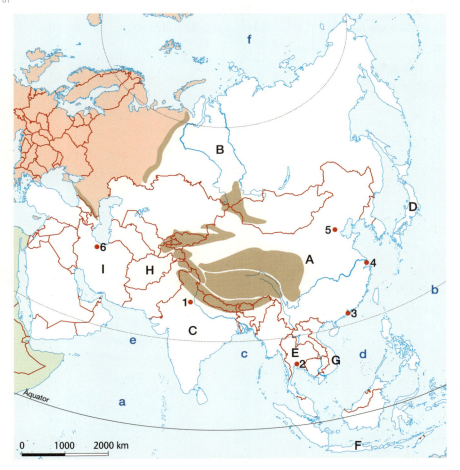

**A–I: STAATEN**

A _____  D _____  G _____

B _____  E _____  H _____

C _____  F _____  I _____

**1–6: STÄDTE**

1 _____  2 _____  3 _____

4 _____  5 _____  6 _____

**a–f: OZEANE UND MEERE**

a _____  b _____  c _____

d _____  e _____  f _____

**b)** Beschrifte in der Karte die unten angegebenen Punkte! Achte dabei auf unterschiedliche Farben!

**GEBIRGE (braun)**
- ○ Himalaja   ○ Ural
- ○ Kaukasus

**FLÜSSE UND SEEN (blau)**
- ○ Ganges       ○ Aralsee      ○ Ob
- ○ Jangtsekiang ○ Baikalsee    ○ Kaspisches Meer

### So werden Güter erzeugt

# METHODE

## PLAKAT gestalten

Auf einem Plakat kannst du wichtige Informationen zu einem Thema zusammenfassen. Es dient dir als Hilfe bei einer Präsentation vor einer größeren Gruppe, z. B. deiner Klasse. Dabei ist es wichtig, dass du wesentliche Inhalte herausfilterst und dich auf die Kernaussagen beschränkst. Mit passenden Bildern, Fotos, Grafiken, Karten usw. kannst du zusätzlich zentrale Aussagen hervorheben. Dein Plakat kann als Arbeitsergebnis in der Schule ausgestellt werden.

**1.** Sammle Informationen und Bildmaterial zum Thema. Lege Themenbereiche fest!

**2.** Verwende für diese Themenbereiche unterschiedliche Kärtchen. Fasse Kernaussagen zusammen und schreibe sie gut leserlich auf!

**3.** Ordne deine Themenkärtchen und Bilder auf dem Plakat!

**4.** Notiere die Überschrift gut lesbar auf dem Plakat. Schreibe passende Zwischenüberschriften zu den Themenkärtchen!

**5.** Hast du eine passende Struktur gefunden, klebe alle Themenkärtchen und Bilder auf!

**6.** Bereite deinen Vortrag gut vor: Sprich den Text mehrmals langsam, verwende Stichwortzettel zur Unterstützung! Präsentiere dein Thema mithilfe des Plakats vor der Klasse!

**Tipps zur Plakatgestaltung**

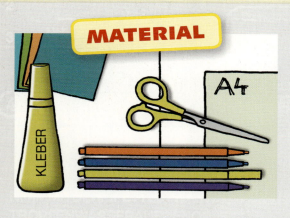

**MATERIAL**

**TEXTE**
- auf Themenkärtchen
- richtige Rechtschreibung
- kurz und knapp
- Schlüsselwörter bzw. Fachbegriffe verwenden

## TIPPS ZUR PLAKATGESTALTUNG

**GESTALTUNG**
- FARBEN
- SCHRIFT → DRUCKBUCHSTABEN / GUT LESERLICH
  → SYMBOLE (Pfeile)
- HERVORHEBEN
  → UNTERSTREICHEN

**VERANSCHAULICHUNG**
- Fotos
- Zeichnungen
- Diagramme/Grafiken
- Karten

# Menschen leisten Dienste

## 1) Die drei Wirtschaftssektoren

**a) Lies den Informationstext!**

> Menschen haben Bedürfnisse, die sie sich erfüllen möchten. Dazu gehören Essen, Wohnen, Bildung, Kultur, Vergnügen und Reisen. Ohne das gemeinsame Wirtschaften könnten wir uns diese Bedürfnisse nicht erfüllen. Es gibt drei Wirtschaftssektoren: die Rohstoffgewinnung, die Rohstoffverarbeitung und die Dienstleistungen. Zum primären Wirtschaftssektor zählen die Landwirtschaft, die Forstwirtschaft und die Fischerei. In diesen Teilbereichen werden Rohstoffe gewonnen. Der sekundäre Wirtschaftssektor beschäftigt sich mit der Verarbeitung. Das umfasst die Herstellung von Gütern in Industrie- und Gewerbebetrieben. Die Gewinnung von Energie und Bodenschätzen zählt ebenfalls zum sekundären Sektor. Den tertiären Sektor bilden alle Dienstleistungen. Hier werden auch alle produzierten Güter als Waren verkauft.
>
> Es gibt Überlegungen die Wirtschaftssektoren mit einem vierten Bereich für neue Technologien (Internet, PC, Datenverarbeitung …) und deren Nutzung zu ergänzen, da dieser Bereich immer mehr an Bedeutung gewinnt.

**b) Ordne jeder Aussage den passenden Wirtschaftssektor zu!**

| primärer Wirtschaftssektor | sekundärer Wirtschaftssektor | tertiärer Wirtschaftssektor |
|---|---|---|

1. Rohstoffe werden verarbeitet. \*_____

2. Rohstoffe, z. B. tierische und pflanzliche Nahrungsmittel, werden gewonnen.

   \*_____

3. Arbeit wird für andere Menschen erledigt. \*_____

4. Bodenschätze werden verarbeitet. \*_____

5. Berufe in diesem Bereich sind zum Beispiel Malerin/Maler, Frisörin/Frisör, Krankenschwester/Krankenpfleger, Polizistin/Polizist. \*_____

6. Berufe in diesem Bereich sind zum Beispiel Landwirtin/Landwirt, Fischerin/Fischer, Försterin/Förster. \*_____

7. Berufe in diesem Bereich sind zum Beispiel Bäckerin/Bäcker, Schuhmacherin/Schuhmacher, Tischlerin/Tischler. \*_____

# Menschen leisten Dienste

## ② Die vier Gruppen der Dienstleistungen

W1 Was passt nicht dazu? In jeder Spalte gibt es einen Begriff, der nicht zu den anderen passt. Streiche ihn durch! Aber Vorsicht: In einem der Kästen gibt es sogar zwei Begriffe, die nicht passen!

| Persönliche Dienste | Soziale Dienste | Verteilende Dienstez | Wirtschaftsbezogene Dienste |
|---|---|---|---|
| Reinigung | Bildung | Handel | Bank |
| Bergbau | Gesundheit | Verkehr | Versicherung |
| Kosmetik | Sicherheit | Telefon | Rechtsberatung |
| Freizeit | Fischerei | Post | Forstwirtschaft |
| Fitnesstrainerin | Lehrer | Taxilenkerin | Bankangestellte |
| Ernährungsberater | Ärztin | Frisör | Landwirt |
|  | Feuerwehrmann | Einzelhandelskauffrau | Controllerin |

## ③ Dienstleistungen beschreiben den technischen Fortschritt

W5 Lies den Informationstext und betrachte die Diagramme genau! Beantworte dann die Fragen!

> Die Voraussetzung für eine Dienstleistungsgesellschaft ist ein gewisser Wohlstand. Nur Menschen, die reich genug sind, können es sich leisten, für bestimmte Tätigkeiten (z. B. Auto waschen, Kleidung bügeln, kochen) andere zu bezahlen. Allgemein gilt: Je stärker ein Staat entwickelt und je größer der technische Fortschritt ist, desto mehr Dienstleistungen sind gefragt.

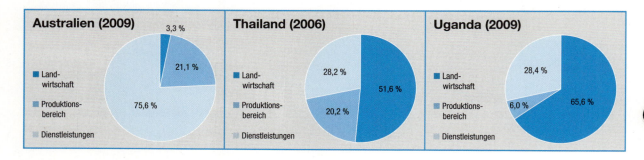

1. Auf welchen Kontinenten liegen die Staaten aus den Diagrammen? Suche sie in deinem Atlas!

2. Welcher Staat ist am weitesten entwickelt? Woran kannst du das erkennen?

3. In welchem Staat arbeiten die meisten Menschen in der Landwirtschaft?

4. In welchem Staat arbeiten die wenigsten Menschen im sekundären Wirtschaftssektor?

 FSK Recherchiere die aktuellen Daten Österreichs und vergleiche!

**Menschen leisten Dienste**

## ④ Die Bedürfnispyramide

T1 S. 46 ③

**FSK a)** Lies den Informationstext!

> Menschliche Bedürfnisse werden nach ihrer Wichtigkeit geordnet. Denn das Bedürfnis, etwas Warmes zu essen, ist wichtiger als das Bedürfnis nach einem neuen Handy. Der amerikanische Psychologe Maslow (1908–1970) hat die Bedürfnisse in einem Stufenmodell dargestellt. Durch seine Forschungen konnte er beweisen, dass der Mensch erst dann nach einer höheren Stufe strebt, wenn die Bedürfnisse der Stufen darunter erfüllt sind.

**W1 b)** Ordne die Bedürfnisse in der Box ihrer Wichtigkeit nach, indem du sie in das Stufenmodell einordnest. Vergleicht anschließend eure Ergebnisse!

> \*Anerkennung  \*ein Laptop  \*ein Sportwagen  \*eine Kette mit Diamanten  \*in einer Fußballmannschaft spielen  \*Freundinnen und Freunde  \*Gesundheit  \*Gitarre spielen lernen  \*in einer Wohnung/einem Haus wohnen  \*Liebe  \*Lob für eine gute Leistung  \*Reichtum  \*sauberes Trinkwasser  \*schlafen  \*Schuhe  \*sich seinen Berufswunsch erfüllen  \*sicherer Arbeitsplatz  \*spielen, ohne Angst vor Krieg  \*warme Kleidung  \*warmes Essen

**Bedürfnis nach Selbstverwirklichung**

**Bedürfnis nach Anerkennung**

**Soziale Bedürfnisse**

**Bedürfnis nach Schutz und Sicherheit**

**Menschliche Grundbedürfnisse**

# Menschen leisten Dienste

## ⑤ Angebot und Nachfrage bestimmen den Preis

T1 S. 46–47 ④

**W1 Lies folgende Texte und überlege, ob der Preis des genannten Produkts steigt oder sinkt! Begründe deine Meinung schriftlich!**

---

1. Wegen eines Hagelunwetters werden in der Steiermark große Teile der Maisernte vernichtet.

○ Der Preis für Mais steigt.   ○ Der Preis für Mais sinkt.

Begründung:

★ _____
_____

---

2. Die Firma „Handykauf" hat hundert Handys CS4 in ihrem Lager. Da es in wenigen Wochen das neue CS5 Handy geben wird, ist niemand mehr an den Geräten interessiert.

○ Der Preis für das Handy CS4 steigt.   ○ Der Preis für das Handy CS4 sinkt.

Begründung:

★ _____
_____

---

3. Das Stricken von Socken ist durch Werbung wieder in Mode gekommen. Viele Personen möchten hellblaue Socken stricken. Der Händler hat aber von dieser Farbe nur eine bestimmte Menge auf Lager.

○ Der Preis der hellblauen Wolle steigt.   ○ Der Preis der hellblauen Wolle sinkt.

Begründung:

★ _____
_____

---

4. In der Schule werden neue Getränkeautomaten mit zuckerfreien Getränken aufgestellt. Die Schülerinnen und Schüler sollen möglichst viele zuckerfreie Getränke kaufen.

○ Der Preis der zuckerfreien Getränke steigt.   ○ Der Preis der zuckerfreien Getränke sinkt.

Begründung:

★ _____
_____

**W1 Erstelle eine eigene Aufgabe und stelle sie deiner Partnerin oder deinem Partner!**

# Menschen leisten Dienste

## 6 Tricks im Supermarkt – die Einkaufsfalle

Im Supermarkt werden spezielle Verkaufstricks angewandt, die die Käuferin und den Käufer dazu verleiten sollen, mehr als unbedingt notwendig in den Einkaufswagen zu legen. Um die Jüngsten zu erreichen, bieten die Supermärkte kleine Kindereinkaufswagen am Eingang an. Im Bereich der Kassen – auf einer für Kinderhände und Kinderaugen genau richtigen Höhe – werden Süßigkeiten platziert.

**B3** Ordne die Tricks den passenden Erklärungen zu!

Große, tiefe Einkaufswägen lassen die Einkaufsmenge klein erscheinen. Die Kundin bzw. der Kunde soll mehr Produkte in den Wagen legen.

Besondere Lichtlampen lassen Obst und Gemüse frischer erscheinen. Rotes Licht bei frischem Fleisch hat denselben Effekt.

Schilder für Sonderangebote, die es nur für kurze Zeit gibt, laden zu unnötigen Käufen ein. Gäbe es das Sonderangebot nicht, würde das Produkt wahrscheinlich nicht gekauft werden.

Bei angenehmer Musik soll die Kundin bzw. der Kunde entspannt einkaufen. Langsame Musik verlangsamt auch die Bewegungen – man bleibt so länger im Supermarkt.

Doppel- oder andere Großpackungen zu einem besonderen Preisangebot sollen zu einem größeren Kauf verführen. Oft ist der Einzelpreis aber genauso billig!

Grundnahrungsmittel stehen im hinteren Geschäftsbereich, damit die Kundin bzw. der Kunde durch das ganze Geschäft geführt wird.

# Menschen leisten Dienste

## ⑦ Sandras Taschengeld

Der richtige Umgang mit Geld muss gelernt werden! Mit deinem Taschengeld kannst du lernen mit finanziellen Situationen umzugehen. Du kannst dir damit einen Wunsch erfüllen oder es sparen. Außerdem lernst du zu verzichten, wenn dein Taschengeld gerade nicht reicht.
Auch Sandra möchte einen Überblick über ihre finanzielle Lage erhalten. Sie überlegt, welche Einnahmen und Ausgaben sie in diesem Monat bereits hatte und erstellt eine Liste.

| Datum | Ereignis |
|---|---|
| 1. Mai | Taschengeld bekommen – 15 Euro |
| 3. Mai | Kinobesuch mit Andrea – 10 Euro |
| 10. Mai | Oma kommt zu Besuch; 10 Euro geschenkt bekommen |
| 12. Mai | für Mama ein Geburtstagsgeschenk um 9 Euro gekauft |
| 18. Mai | mit Nikola für die Schularbeit gelernt; 5 Euro bekommen |
| 21. Mai | Eis essen mit meiner Klasse; 2 Euro ausgegeben |
| 22. Mai | meinem Bruder 4 Euro geborgt |
| 26. Mai | Papas Auto gewaschen. Er hat mir 5 Euro bezahlt! |
| 29. Mai | Mein Bruder bezahlt seine Schulden zurück. |

**W3** **Trage Sandras Taschengeld, ihre weiteren Einnahmen und Ausgaben in die Tabelle ein und berechne dann den aktuellen Stand ihres Taschengelds!**

| Datum | Einnahmen | Euro | Ausgaben | Euro |
|---|---|---|---|---|
| 1. Mai | Taschengeld | 15,– | | |
| | | | Kinobesuch | 10,– |
| | | | | |
| | | | | |
| | | | | |
| | | | | |
| | | | | |
| | | | | |
| | Summe | | Summe | |

*Tipp:* Du kannst dir auch für deine eigenen Einnahmen und Ausgaben eine Liste erstellen. Damit hast du den aktuellen Stand deines Geldes immer im Blick!

## ⑧ So funktioniert eine Bank

**Erkläre diese Abbildung mit eigenen Worten! Die Begriffe aus der Box helfen dir dabei!**

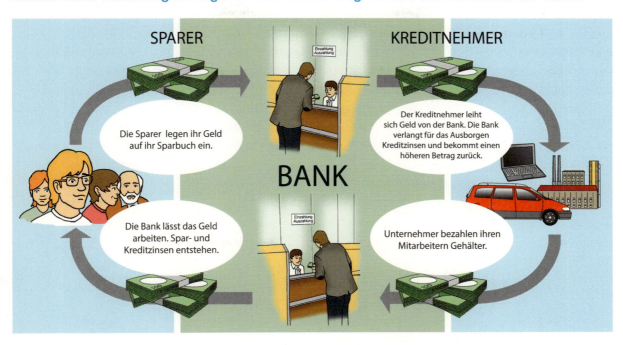

* die Bank   * die Sparerin/der Sparer   * die Firma   * einen Kredit aufnehmen   * Geld sparen
* Geld verwalten   * Geld überweisen   * monatliche Ausgaben bezahlen   * Kreditzinsen
* Sparzinsen   * Gewinn der Firma

## ⑨ Sicherheitsmerkmale auf Banknoten

Um Geldscheine vor dem Nachmachen (Fälschen) zu schützen, befindet sich auf jeder Banknote Sicherheitsmerkmale. Welche Sicherheitsmerkmale bei Euro-Geldscheinen kennst du bereits? Nimm einen Geldschein zur Hand – kannst du besondere Merkmale erkennen? Informiere dich auch im Internet z. B. unter www.oenb.at! Schreibe vier Sicherheitsmerkmale auf!

1 _____   2 _____

3 _____   4 _____

# Menschen leisten Dienste

## ⑩ Bezahlen mit Zahlungsanweisung

**W3** Lies den Informationstext sorgfältig und betrachte die Zahlungsanweisung! Beantworte dann die Fragen!

> Zum Bezahlen vieler Rechnungen wird eine Zahlungsanweisung (ein Formular) verwendet. Damit kann man jemanden Geld zahlen, ohne Bargeld zu verwenden. Diesen Vorgang nennt man auch „Überweisung". Jede Zahlungsanweisung enthält wichtige Informationen über die Person, die die Rechnung bezahlt (Auftraggeberin oder Auftraggeber). Damit das Geld bei der richtigen Person ankommt, sind auch Informationen über die Empfängerin bzw. den Empfänger notwendig. Um die Überweisung weltweit durchführen zu können, werden BIC und IBAN benötigt. BIC ist die eindeutige Kurzbezeichnung einer Bank, IBAN die Darstellung der Bankverbindung (Bank, Prüfziffer, Bankleitzahl, Kontonummer).

**ZAHLUNGSANWEISUNG**

- EmpfängerIn Name/Firma: ERIKA MUSTERFRAU
- IBAN EmpfängerIn: AT48 3286 5000 0001 2345 6
- BIC (SWIFT-Code) der Empfängerbank: RLNWATWNSM
- Betrag: EUR 310,00
- Verwendungszweck: RENR. 123456999
- IBAN KontoinhaberIn/AuftraggeberIn: AT91 3286 5000 0065 4321
- KontoinhaberIn/AuftraggeberIn Name/Firma: MAX MUSTERMANN
- Unterschrift: Erika Musterfrau

1. Wie hoch ist der Geldbetrag, der überwiesen wird?

2. Wie heißt die Empfängerin bzw. der Empfänger?

3. Bei welcher Bank hat die Empfängerin bzw. der Empfänger sein Konto? Wie lautet der IBAN?

4. Wer ist die Auftraggeberin bzw. der Auftraggeber?

5. Von welchem Konto wird der Betrag abgebucht?

6. Wofür wird der Betrag überwiesen?

# Menschen leisten Dienste

## ⑪ Gut versorgt – entsorgen garantiert

T 1 S. 52 ⑧

Die Gemeinde oder die Stadt ist dafür verantwortlich, dass alle Haushalte mit Strom, Gas und Wasser versorgt werden. Die Abwässer werden in einer Kläranlage gesammelt, gesäubert und wieder in den Wasserkreislauf zurückgepumpt. Auch die Entsorgung des Altwassers übernimmt die Gemeinde oder die Stadt.

**U1 a)** Eine Familie in Österreich verbraucht an einem Tag etwa 130 Liter Wasser. Lies das Schaubild und stelle fest, wofür das Wasser verwendet wird! Erstelle dann eine Tabelle in deinem Heft!

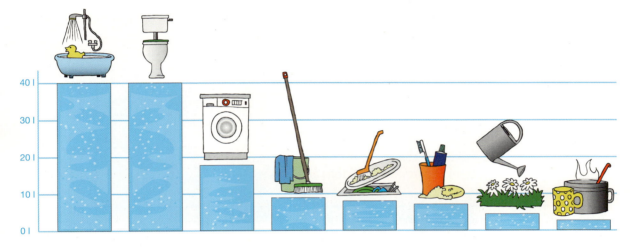

**U2 b)** Führe den Versuch durch und beantworte danach die Fragen!

**Materialien:**
* schmutziges Geschirrspülwasser mit Spülmittel
* vier Plastikbecher mit je einem Loch im Boden
* Auffangglas oder -becher
* Aktivkohle (aus dem Chemiesaal, der Apotheke oder Drogerie)
* feiner Sand
* feiner Kies
* Kaffeefilterpapier

**Versuchsdurchführung:**
Fülle je einen Becher halbvoll mit Aktivkohle, Sand bzw. Kies. Das Filterpapier kommt in den vierten Becher. Stecke die vier Becher wie im Bild ineinander und stelle das Auffangglas an die unterste Stelle. Fülle nun das schmutzige Geschirrspülwasser oben ein.

1. Was kannst du beobachten? Halte deine Beobachtungen schriftlich fest!
2. Welche Veränderung gibt es bei den einzelnen Stationen?
3. Worauf ist das Versuchsergebnis zurückzuführen?

**U1 c)** Warum kümmert sich die Stadt/die Gemeinde um die Abwässer aller Bewohnerinnen und Bewohner? Diskutiert in einer kleinen Gruppe, haltet eure Meinungen stichwortartig fest und vergleicht dann die Ergebnisse in der Klasse!

# Menschen leisten Dienste

## ⑫ Der Tourismus in Österreich

**a) Lies den Informationstext!**

> Der Tourismus ist für Österreich ein bedeutender Teil der Wirtschaft und eine wichtige Einnahmequelle. Berge und Seen, die Sehenswürdigkeiten der Städte und die zahlreichen kulturellen Veranstaltungen, wie die „Salzburger Festspiele" oder der „Carinthische Sommer", laden viele Gäste ein, in Österreich ihren Urlaub zu verbringen. Die zentrale Lage in Europa sowie die gute Erreichbarkeit des Landes sind weitere Vorteile für das Urlaubsland Österreich.

**b) Trage die Begriffe aus der Box richtigen ein!**

* Kulturtourismus  * Sommertourismus  * Städtetourismus  * Wintertourismus

| | |
|---|---|
| Familie Denver aus Schottland fährt gerne Ski und verbringt ihren Urlaub am Nassfeld in Kärnten. | |
| Der Seniorenverein Marburg besucht die Mörbischer Seefestspiele. | |
| Familie Yun Li träumt vom Riesenrad und dem Schloss Schönbrunn. | |
| Sven und seine Freunde bereiten sich auf eine Bergwanderung vor. | |
| Die Theatervorführungen in Reichenau an der Rax waren das Ziel der Reisegruppe aus Warschau. | |

## ⑬ Die beliebtesten Städtereisen

**Betrachte das Diagramm „Die 10 Top-Städte" genau und beantworte dann die Fragen!**

Anzahl der Nächtigungen internationaler Gäste (in Millionen)

Legende: 2011, 2012

- London: + 1,17 %
- Paris: + 2,76 %
- Rom: + 4,54 %
- Barcelona: + 5,31 %
- Prag: + 5,86 %
- Berlin: + 14,5 %
- Wien: + 7,42 %
- Madrid: - 7,22 %
- Amsterdam: + 0,77 %
- Budapest: + 12,8 %

Daten nach: http://citytourismbenchmark.com

1. In welchen Staaten liegen diese Städte? Trage die Autokennzeichen in die Grafik ein!
2. Wie viele Menschen besuchten Rom 2011, wie viele 2012? 
3. Welche Stadt hat am meisten an Beliebtheit gewonnen? 
4. Welche Stadt hat von 2011 auf 2012 an Beliebtheit verloren?

# METHODE

## Im TEAM arbeiten

Teamarbeit ist eine wichtige Form der Zusammenarbeit, die euch ein ganzes Leben – besonders im Berufsalltag – begleiten wird. Teamarbeit ist super, weil …

… ihr mit anderen etwas gemeinsam erarbeitet.
… ihr im Team Fragen gemeinsam klären könnt.
… eure Mitverantwortung gestärkt wird.
… ihr Aufgaben im Team verteilen könnt.
… ihr im Team beachtet und gebraucht werdet.

… ihr gemeinsam mehr Ideen habt.
… eigene Interessen und Fähigkeiten eingebracht werden.
… ihr gemeinsam mehr Spaß und Erfolg beim Lernen habt!

| | **Die 6 Schritte zur erfolgreichen Teamarbeit!** | ✓ |
|---|---|---|
| 1. | Sucht für euer Team einen geeigneten Arbeitsplatz! | |
| 2. | Damit die Arbeit im Team möglichst reibungslos abläuft, verteilt Managementaufgaben an verschiedene Teammitglieder:<br>Die **Zeitmanagerin**/Der **Zeitmanager** achtet auf den erstellten Zeitrahmen.<br>Die **Materialmanagerin**/Der **Materialmanager** organisiert die benötigten Arbeitsmaterialien.<br>Die **Lautstärkenmanagerin**/Der **Lautstärkenmanager** achtet auf eine angemessene Arbeitslautstärke.<br>Die **Regelmanagerin**/Der **Regelmanager** achtet auf das Einhalten der Teamregeln. | |
| 3. | Informiert euch über die Aufgabe, die dem Team gestellt wird! | |
| 4. | Teilt die Arbeiten gerecht auf, schätzt den Zeitbedarf und erstellt einen Zeitplan! | |
| 5. | Arbeitet zügig, intensiv und unterstützend am Teamthema! | |
| 6. | Bereitet die Präsentation gemeinsam vor und übt den Vortrag! | |

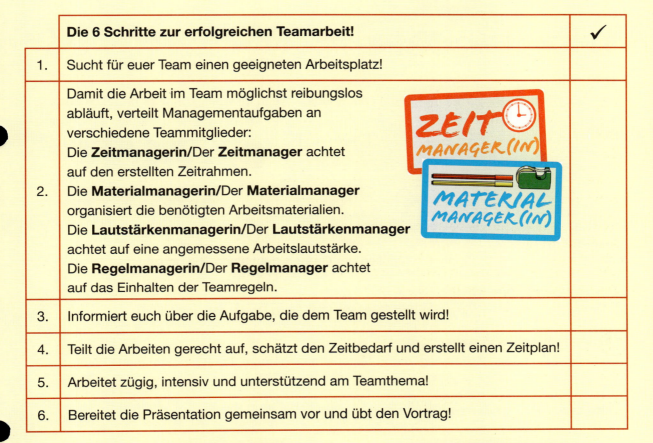

Akzeptiert andere Meinungen!

Alle im Team sind wichtig!

Alle tragen die gleiche Verantwortung für das Ergebnis der Teamarbeit!

Sprecht auftretende Probleme offen an!

Regeln der Teamarbeit

Hört aufmerksam zu und geht fair miteinander um!

Alle machen mit und geben das Beste!

137

# Menschen leisten Dienste

## ⑭ Wir gestalten unseren Urlaub

 Führt folgende Teamarbeit durch und präsentiert anschließend eure Ergebnisse in der Klasse. Hilfe zur Teamarbeit findet ihr im Methodenblatt auf Seite 137!

**Materialien:**
- Urlaubsprospekte, Reiseführer
- Prospekte über Veranstaltungen
- Prospekte über Sport- und Freizeitangebote
- Ansichtskarten
- Eintrittskarten, Fotos, Bilder
- Plakate und Plakatstifte
- eventuell Internetzugang

**Vorbereitung:**
Die Gruppenthemen werden auf Zettel geschrieben. Wenn ihr wollt, könnt ihr natürlich auch weitere/andere Themen wählen!

- Urlaub am Meer
- Skiurlaub
- Städteurlaub
- Urlaub am Bauernhof
- Sporturlaub
- Urlaub zu Hause

**Durchführung:**
Teilt die Klasse in 6 Gruppen. Ein Mitglied der Gruppe zieht einen Themenzettel.

**Dauer der Gruppenarbeit:**
2 Unterrichtseinheiten (Arbeit in den Gruppen (1UE) und Präsentation (1UE))

**Manageraufgaben verteilen:**
Verteilt die Aufgaben Zeitmanagement, Materialmanagement, Lautstärkenmanagement, Regelmanagement auf je ein Teammitglied

**Aufgaben der Gruppenarbeit:**
1. Schreibt euer Thema groß und übersichtlich auf das Plakat!
2. Notiert übersichtlich eure Antworten auf folgende Fragen:
   - Was spricht für eine solche Art von Urlaub? Warum könnte jemand einen solchen Urlaub machen wollen? (Nennt mindestens drei Gründe!)
   - Wann ist die beste Zeit für einen solchen Urlaub? Warum?
   - Welche Aktivitäten sind bei einer solchen Art von Urlaub möglich?
   - Ist ein solcher Urlaub für jede, für jeden geeignet? Wer sollte sich lieber eine andere Urlaubsart aussuchen?
3. Gestaltet euer Plakat mit passenden Bildern aus den Katalogen, mit Ansichtskarten usw.!

**Aufteilung der Gruppenarbeit:**
Teilt die Aufgaben gerecht auf, schätzt den Zeitaufwand und erstellt einen einfachen Zeitplan.

| Zu tun | Wer? | Wie lange? |
|---|---|---|
| 1. Thema aufschreiben | Cara | 2 Min. |
| 2. Was spricht für eine solche Art von Urlaub? | Cara + Marla | 15 Min. |

**Präsentation:** Berichtet bei der Präsentation von euren Überlegungen und stellt euer Plakat vor!

# Unterwegs

## ① Arten von Verkehrsmitteln

a) Schreibe unter jedes Verkehrsmittel den Buchstaben des passenden Verkehrsträgers (Straßenweg (A), Schienenweg (B), Luftweg (C), Schiffsweg (D)).

b) Ringle öffentliche Verkehrsmittel rot und private Verkehrsmittel grün ein!

## ② Das beliebteste Verkehrsmittel in Österreich

100 Personen wurden nach ihrem Lieblingsverkehrsmittel befragt. Zeichne nun mit den Daten aus der Tabelle ein Kreisdiagramm! Wie man das macht, findest du auf dem Methodenblatt „Mit Diagrammen arbeiten" auf Seite 140!

| Verkehrsmittel | Auto | Flugzeug | Bahn | Schiff | Gesamt |
|---|---|---|---|---|---|
| Anzahl in Stück | 60 | 25 | 5 | 10 | 100 |

*Hinweis:* Ein Kreis hat 360° und diese entsprechen hier 100 Stück (3,6° entsprechen 1 Stück). Jetzt kannst du die einzelnen Kreisteile durch eine Multiplikation berechnen (z. B. 60 · 3,6° = 216°).

★ _____

★ _____

★ _____

★ _____

☐ Auto
☐ Flugzeug
☐ Bahn
☐ Schiff

# METHODE

## Mit DIAGRAMMEN arbeiten

Du findest Diagramme in vielen Bereichen des Lebens – zum Beispiel in Zeitungen, im Internet, im Fernsehen und in Schulbüchern. Diagramme stellen Daten aus Umfragen, Messungen und Vergleichen bildlich dar.

### A) Kreisdiagramm – Teile vom Ganzen

Ein Kreisdiagramm zeigt dir die einzelnen Anteile einer gesamten Menge. Je größer ein Sektor (Kreisteil) ist, desto höher ist der entsprechende Anteil.

**Arbeitsfrage:**
Wie groß ist der Anteil des Transportaufkommens auf der Straße in Österreich?

Antwort:

### B) Säulendiagramm – Vergleiche ziehen

Mit einem Säulendiagramm lassen sich Daten und Mengen anschaulich vergleichen. Je höher eine Säule ist, desto höher ist der Wert.

**Arbeitsfrage:**
Sortiere die einzelnen Bundesländer nach der Anzahl der Pkws, die mit Benzin betrieben werden. Beginne beim größten Wert!
Antwort:

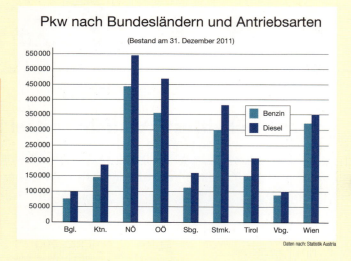

### C) Kurvendiagramm – Entwicklung veranschaulichen

Ein Kurvendiagramm zeigt die Veränderung oder die Entwicklung eines Wertes während eines bestimmten Zeitraums. Je steiler die Kurve, desto höher der Wertanstieg.

**Arbeitsfrage:**
Um wie viel Tonnen ist das Transportaufkommen insgesamt zwischen 2005 und 2006 angestiegen bzw. gefallen?
Antwort:

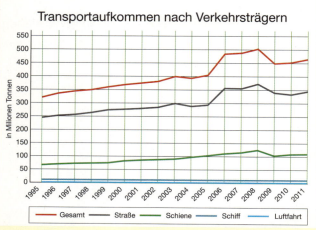

# ③ Wege über die Alpen

**Benenne die in der Karte angegebenen Tunnel und Pässe mithilfe des Atlas! Achte dabei auf die richtigen Symbole! Gib bei Tunneln die Länge und bei Pässen die Höhe an!**

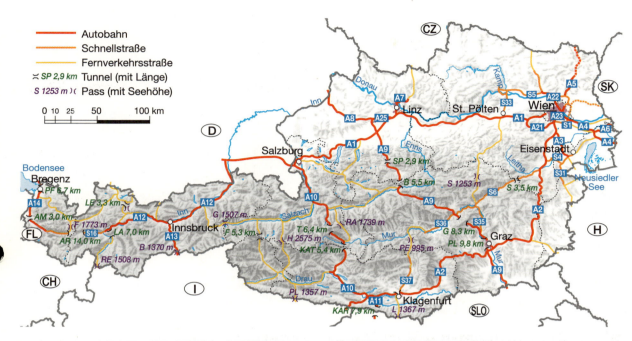

Unterwegs

| TUNNEL | KM |
|---|---|
| PF | |
| AM | |
| AR | |
| LE | |
| LA | |
| F | |
| T | |

| TUNNEL | KM |
|---|---|
| KAT | |
| SP | |
| B | |
| G | |
| PL | |
| KAR | |
| S | |

| PÄSSE | HÖHE |
|---|---|
| F | |
| B | |
| RE | |
| S | |
| RA | |

| PÄSSE | HÖHE |
|---|---|
| PE | |
| H | |
| L | |
| G | |
| PL | |

141

# Unterwegs

## ④ Unterwegs auf der Straße

**a)** Benenne die in der Karte angegebenen Autobahnen! Arbeite mit der Karte „Verkehr Österreich" im Atlas! Finde eine passende Kartenunterschrift!

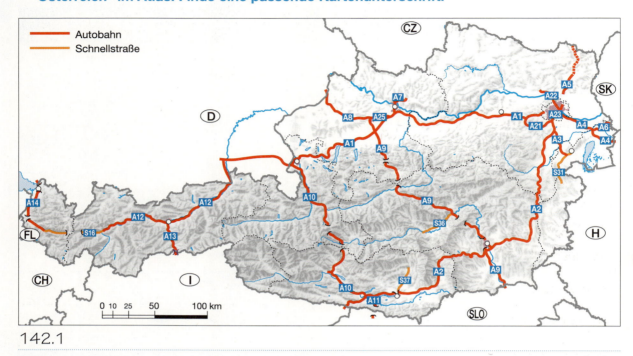

142.1

| A1 _____ | A11 _____ |
| A2 _____ | A12 _____ |
| A3 _____ | A13 _____ |
| A4 _____ | A14 _____ |
| A7 _____ | A21 _____ |
| A8 _____ | A22 _____ |
| A9 _____ | A23 _____ |
| A10 _____ | |

**b)** Benenne die in der Karte eingezeichneten Schnellstraßen!

S16 _____   S36 _____

S31 _____   S37 _____

**c)** Welche Autobahn(en) müssen deine Eltern benutzen, wenn sie …

… von Salzburg nach Klagenfurt fahren? _____

… von Wien nach Graz fahren? _____

> Überlege, wie die Namen der Autobahnen entstanden sein könnten!

# Unterwegs

## ⑤ Alles Verkehr …

T1 S. 54–56 ①–②

M3 **Beschreibe mit eigenen Worten die Begriffe zum Thema Verkehr!**

| Begriff | Erklärung |
|---|---|
| Nahverkehr | |
| Fernverkehr | |
| Verkehrsmittel | |
| Verkehrsträger | |
| öffentlicher Verkehr | |
| privater Verkehr | |
| Personenverkehr | |
| Güterverkehr | |
| Individualverkehr | |
| Regionalverkehr | |
| Mautausweichverkehr | |
| Verkehrsüberlastung | |

## ⑥ Mit der Bahn durch Österreich

M4 **Beantworte die Fragen! Arbeite mit der Karte „Verkehr Österreich" im Atlas:**

1. Welche Farbe kennzeichnet den Schienenverkehr in der Karte? *_____
2. Welches Symbol kennzeichnet eine Zahnradbahn in der Karte? *_____
3. Was bedeutet das Symbol O in der Karte? *_____
4. Welche Bahn verbindet Leoben und Klagenfurt? *_____
5. Welche Bahn verbindet Linz und Wien? *_____
6. Welche Bahn fährt von Innsbruck nach Italien? *_____
7. Welche Bahn fährt von Salzburg Richtung Slowenien? *_____
8. Die Mühlkreisbahn ist eine …
   
   ○ Hauptstrecke.    ○ wichtige Nebenstrecke.    ○ Nebenstrecke.

9. Die Franz-Josefs-Bahn in Niederösterreich ist eine …
   
   ○ Hauptstrecke.    ○ wichtige Nebenstrecke.    ○ Nebenstrecke.

# Unterwegs

## ⑦ Wir planen eine Bahnfahrt

**Beantworte die Fragen mithilfe des Fahrplans!**

| Züge | REX 9312 | R 2012 | IC 860 | R 2012 | Railjet 262 | ICE 28 | IC 690 | Railjet 162 | REX 1614 |
|---|---|---|---|---|---|---|---|---|---|
| zusätzliche Hinweise | ♿🚲 | ♿🚲 | ♿🍴 | ♿🚲 | | ♿🍴 | ♿🍴 | | ♿🚲 |
| kommt von | | | | | | | | Budapest | |
| Wien Westbahnhof | 6.50 | 7.36 | 7.40 | | 8.14 | 8.40 | 8.44 | 9.14 | 9.18 |
| Wien Penzing | | 7.39 | | | | | | | |
| Wien Hütteldorf | 6.57 | 7.43 | 7.48 | | | | 8.52 | | 9.26 |
| Wien Hadersdorf | | 7.49 | | | | | | | |
| Purkersdorf | 7.04 | 8.01 | | | | | | | |
| Untertullnerbach | | 8.05 | | ← | | | | | |
| Tullnerbach-Pressbaum | 7.10 | 8.09 | | 8.09 | | | | | 9.37 |
| Pressbaum | 7.13 | → | | 8.11 | | | | | 9.39 |
| Rekawinkel | | | | 8.16 | | | | | |
| Eichgraben-Altlengbach | 7.21 | | | 8.21 | | | | | 9.47 |
| Unter Oberndorf | | | | 8.24 | | | | | |
| Maria Anzbach | | | | 8.26 | | | | | |
| Neulengbach Stadt | 7.28 | | | 8.29 | | | | | 9.55 |
| Neulengbach | | | | 8.32 | | | | | |
| Ollersbach | | | | 8.35 | | | | | |
| Kirchstetten | | | | 8.38 | | | | | |
| Böheimkirchen | 7.36 | | | 8.42 | | | | | 10.03 |
| St. Pölten Hbf | 7.44 | | 8.23 | 8.51 | 8.55 | 9.20 | 9.26 | 9.55 | 10.12 |
| fährt weiter nach | Amstetten | | Bregenz | | München | Frankfurt | Villach | Zürich | St. Valentin |

1. Welche Zugverbindung hält an allen Haltestellen? *_____

2. Wie oft hält der Intercity (IC) 690 zwischen Wien und St. Pölten? *_____

3. Der Railjet 162 kommt von *_____ und fährt weiter nach

   *_____ . In welchen Staaten liegen diese Städte? *_____

4. Welche ist die schnellste Verbindung zwischen Wien und St. Pölten? *_____

5. Wie lang dauert diese Fahrt? *_____

6. Wie lang dauert die Fahrt mit dem Regionalexpress (REX) 9312? *_____

7. Gibt es im Intercity Express (ICE) einen Speisewagen?   ○ ja   ○ nein

**Frau Vogl wohnt in Wien. Sie muss zu einer Tagung, die um 10.30 Uhr in St. Pölten beginnt. Finde die beste Zugverbindung!**

Abfahrt in Wien: *_____     Ankunft in St. Pölten: *_____

Dauer der Zugfahrt: *_____     Zugnummer: *_____

# ⑧ Schiff ahoi!

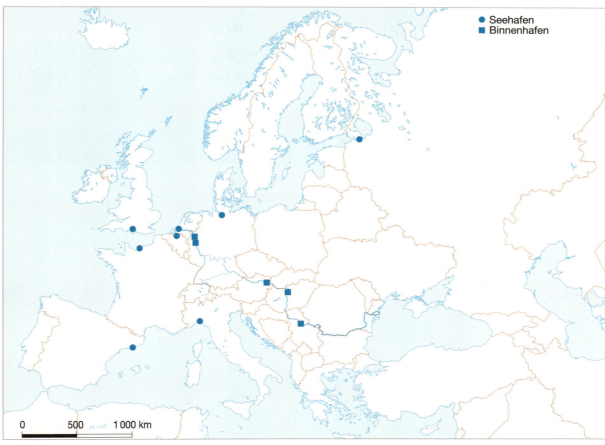

**03 a)** Beschrifte die folgenden Seehäfen (= Häfen am Meer) in der Karte! Achte auf die Legende!

○ Rotterdam  ○ Hamburg  ○ Antwerpen  ○ Genua
○ Le Havre  ○ Barcelona  ○ St. Petersburg  ○ Southampton

**03 b)** Beschrifte folgende Binnenhäfen (= Häfen an einem Fluss, See oder Kanal) in der Karte!

☐ Köln  ☐ Wien  ☐ Duisburg  ☐ Budapest
☐ Belgrad

**01 c)** Beschrifte die Nordsee und das Schwarze Meer!

**01 d)** Zeichne die Rhein-Main-Donau-Wasserstraße blau ein!

**01 e)** Staaten, die keinen Zugang zum Meer haben, nennt man Binnenstaaten. Nenne die Binnenstaaten Europas (15 Staaten)!

* _____   * _____   * _____
* _____   * _____   * _____
* _____   * _____   * _____
* _____   * _____   * _____
* _____   * _____   * _____

# Unterwegs

## ⑨ Stückgut oder Massengut

**Jeden Tag kommen Massen von Gütern im Hafen von Rotterdam an. Ordne die Güter aus der Box der jeweils richtigen Spalte zu!**

* Autos  * Bananen in Kartons  * Baumstämme  * Baumwollballen  * Eisenerz  * Erdöl
* Getreide  * Kaffee in Säcken  * Kohle  * Sojabohnen

| Stückgut | Massengut |
|---|---|
| * | * |
| * | * |
| * | * |
| * | * |
| * | * |

## ⑩ Rätselraten am Flughafen

Auf Flughäfen sind Menschen aus vielen verschiedenen Staaten der Erde unterwegs. Diese Menschen sprechen unterschiedliche Sprachen – weltweit ca. 7 000 verschiedene. Damit sich alle Reisenden zurechtfinden, sind Hinweistafeln fast immer als Piktogramme (bildhafte Zeichnungen) dargestellt.

**Was bedeutet das jeweilige Piktogramm? Ordne die Begriffe aus der Box richtig zu! Achtung: Es haben sich auch falsche Begriffe daruntergemischt!**

* Abflug  * Ankunft  * Aufzug  * Geldwechsel  * Gepäckaufbewahrung  * Notausgang
* Passkontrolle  * Postamt  * Restaurant  * Taxi und Bus  * Toilette  * U-Bahn

# ⑪ Orientierung für „Vielflieger"

**a)** Benenne die Städte und die Staaten, in denen die angegebenen Flughäfen liegen!

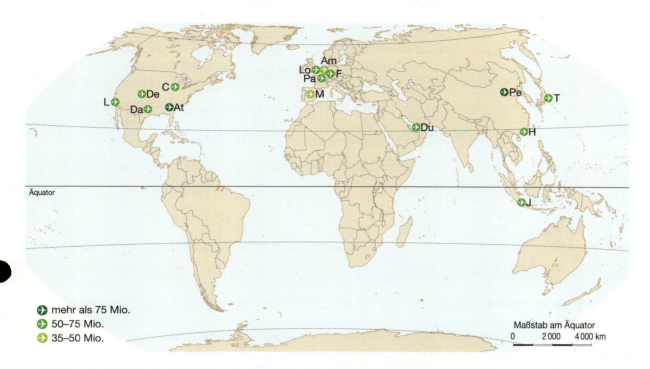

|    | Stadt | Staat | Passagiere (2011) | Rangliste |
|----|-------|-------|-------------------|-----------|
| Am |       |       | 49 754 910        |           |
| At |       |       | 92 365 860        |           |
| C  |       |       | 66 561 023        |           |
| Da |       |       | 57 806 152        |           |
| De |       |       | 52 699 298        |           |
| Du |       |       | 50 977 960        |           |
| F  |       |       | 56 436 255        |           |
| H  |       |       | 53 314 213        |           |
| J  |       |       | 52 446 618        |           |
| Lo |       |       | 69 433 565        |           |
| L  |       |       | 61 848 449        |           |
| M  |       |       | 49 644 302        |           |
| Pa |       |       | 60 970 551        |           |
| Pe |       |       | 77 403 668        |           |
| T  |       |       | 62 263 025        |           |

**b)** Ordne die Flughäfen nach der Anzahl ihrer Passagiere! Runde dann die Werte auf die Hunderttausenderstelle und zeichne ein Säulendiagramm in dein Heft!

# Unterwegs

## 12  Ab in den Urlaub

T1 S. 60–61 ⑤

**Bring die Schritte einer Flugreise in die richtige Reihenfolge und schreibe den Text dann richtig in dein Heft!**

* \_\_\_\_\_ Die Pilotin lenkt das Flugzeug auf die Startbahn und startet los, wir heben ab.
* \_\_\_\_\_ Nach dem Aufruf zum „boarding" zeige ich meine Bordkarte und steige ins Flugzeug.
* \_\_\_\_\_ Wir buchen im Internet einen Flug und drucken uns die Buchungsbestätigung aus.
* \_\_\_\_\_ Eine Stunde vor Abflug geben wir am Check-in-Schalter unser Gepäck ab.
* \_\_\_\_\_ Vor dem Verlassen des Sicherheitsbereiches müssen wir bei Auslandsflügen noch die Pass- und Zollkontrolle passieren.
* \_\_\_\_\_ Während des Fluges kann man Radio hören oder sich einen Film ansehen.
* \_\_\_\_\_ 24 Stunden vor Abflug können wir im Internet einchecken und die Bordkarten ausdrucken.
* \_\_\_\_\_ Ich verstaue mein Handgepäck unter dem Vordersitz und schnalle mich an.
* \_\_\_\_\_ Vor dem Landen müssen wir uns wieder anschnallen und die Tische hochklappen.
* \_\_\_\_\_ Am Gepäckausgabeband holen wir unsere abgegebenen Koffer wieder ab.
* \_\_\_\_\_ Mit der Bordkarte und dem Pass betreten wir durch die Sicherheitskontrolle das Gate.
* \_\_\_\_\_ Der Flugbegleiter (Steward) erklärt vor dem Starten die Sicherheitsmaßnahmen im Falle einer Notlandung.
* \_\_\_\_\_ Wenn das Flugzeug die Parkposition erreicht hat, können wir aussteigen.

## 13  Eine Pilotin auf Reisen

**Mira ist Pilotin und ständig unterwegs. Hilf ihr beim Einstellen ihrer Uhr! Berechne die Zeitverschiebung, das neue Datum und die neue Uhrzeit! Arbeite mit dem Atlas!**

Ich fliege am 28. Juni um 10.00 Uhr von Frankfurt nach Kapstadt in Südafrika. Der Flug dauert 11 Stunden. Die Zeitverschiebung beträgt \*_____ + 1 _____ Stunde(n). Ich lande am \*_____ um \*_____ Uhr. Am nächsten Tag, den \*_____ fliege ich um 22.00 Uhr nach Buenos Aires in Argentinien. Der Flug dauert 8,5 Stunden. Die Zeitverschiebung beträgt \*_____ Stunden. Ich lande am \*_____ um \*_____ Uhr. Endlich habe ich Zeit, mich auszurasten – zwei gänzlich freie Tage warten auf mich. Nach zwei schönen Tagen am Strand fliege ich am \*_____ um 14.00 Uhr zurück nach Frankfurt. Der Flug dauert 14 Stunden. Die Zeitverschiebung beträgt \*_____ Stunden. Am \*_____ um \*_____ Uhr bin ich endlich wieder zu Hause.

# Die Erde als Lebens- und Wirtschaftsraum

## 1 Eine Zusammenschau

FSK **Vervollständige die Mind-Map! Du kannst beliebig Äste ergänzen! Übertrage die Mind-Map dann in dein Heft!**

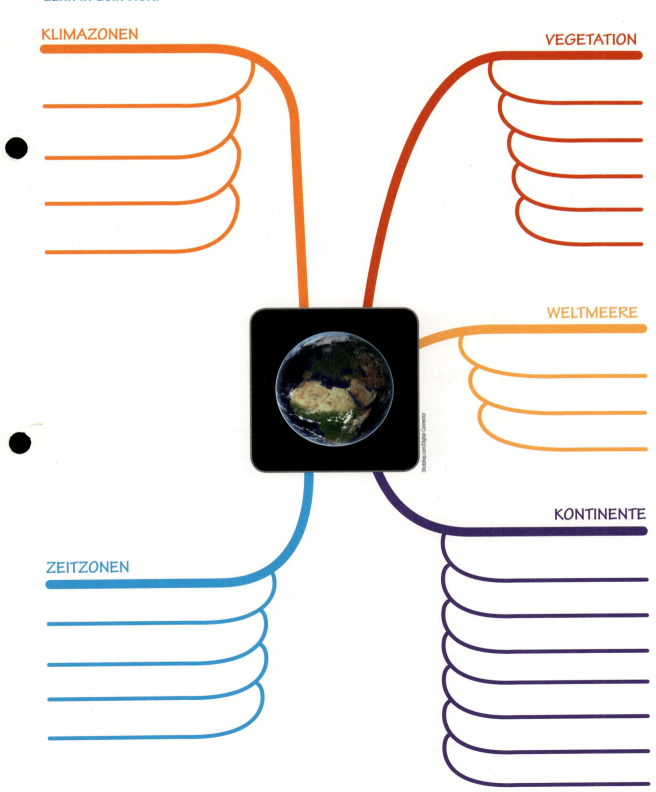

# Die Erde als Lebens- und Wirtschaftsraum

## ② WWW – Wissen wirkungsvoll weiterentwickeln

**a)** Schreibe zu folgenden Antworten die passenden Fragen!

| Antwort | Frage |
|---|---|
| Polare Zone | |
| Pazifischer Ozean | |
| 24 | |
| Äquator | |
| schachbrettartig | |
| primärer Sektor | |
| Asien | |
| 8 | |
| Moschee | |
| Gradnetz der Erde | |

**b)** Arbeite mit einer Partnerin oder einem Partner weiter. Die oder der eine gibt eine Antwort vor – die oder der andere sucht nach einer passenden Frage!

**c)** Versucht es nun umgekehrt! Hier findet ihr einige Beispiele:

| Frage | Antwort |
|---|---|
| Wie heißen die Klimazonen der Erde? | |
| Wie heißen die Linien des Gradnetzes, die von Pol zu Pol verlaufen? | |
| Wie heißt die Altstadt einer amerikanischen Stadt? | |
| Welchen besonderen Namen erhält eine Stadt, in der Millionen Menschen leben? | |
| Zähle mindestens fünf Dienstleistungen auf! | |
| Wenn du eine Rechnung durch onlinebanking bezahlst, dann ist die Bezahlung … | |
| Was wünschen wir dir nun von ganzem Herzen? | |